PRAISE FOR *HIDDEN PROOFS*

"Bill Mohr's *Hidden Proofs* is vital writing.... His first collection is spectacular.... Poetic truth captures what we know but never say. In this way, *Hidden Proofs* contains so much truth, remembering a language of caring and touch, making you feel so tender and good again that you'll hate to see it end."
—*Los Angeles Times Book Review*

"*Hidden Proofs* reads less like a debut than a distillation. The book dwells in illuminated moments .... The poems in *Hidden Proofs* succeed in rescuing lost moments from the abyss of unexamined time in a simple moving way."
—*Los Angeles Reader*

PRAISE FOR *VEHEMENCE*

"The kind of organic, free-verse, non-esoteric poetry associated with Los Angeles and its poets is usually written by working-class, or lower, folk.... Today's finest include Bill Mohr, who evocatively combines images of longing and desperation with wide-eyed wonderment."
—*L.A. Weekly*

WHAT BOOKS PRESS

AN IMPRINT OF

THE GLASS TABLE

COLLECTIVE

LOS ANGELES

ALSO BY BILL MOHR

POETRY

Hidden Proofs
Penetralia
Vehemence
Thoughtful Outlaw
Bittersweet Kaleidoscope
Pruebas Ocultas

ANTHOLOGIES

The Streets Inside: Ten Los Angeles Poets
"Poetry Loves Poetry": An Anthology of Los Angeles Poets
Cross-Strokes: Poetry Between Los Angeles and San Francisco

LITERARY HISTORY

Holdouts: The Los Angeles Poetry Renaissance 1948-1992

THE HEADWATERS OF NIRVANA: REASSEMBLED POEMS

(A Bilingual Edition)

BILL MOHR

LOS MANANTIALES DEL NIRVANA: ANTOLOGÍA POÉTICA

Traducción de
JOSÉ LUIS RICO Y ROBIN MYERS

LOS ANGELES

Copyright © 2018 by Bill Mohr. Translations copyright © 2018 Jose Luis Rico and Robin Myers. All rights reserved. Published in the United States by What Books Press, the imprint of the Glass Table Collective, Los Angeles.

Publisher's Cataloging-In-Publication Data

Names: Mohr, Bill. | Rico, José Luis, 1987- translator. | Myers, Robin, 1987- translator.
Title: The headwaters of Nirvana : reassembled poems =Los manantiales del Nirvana : antología poética / Bill Mohr ; traducción de José Luis Rico y Robin Myers.
Other Titles: Manantiales de Nirvana : antología poética
Description: A bilingual edition. | Los Angeles : What Books Press, [2018] | Bilingual. In English and Spanish.
Identifiers: ISBN 9781532341410
Subjects: LCSH: American poetry--20th century. | LCGFT: Political poetry.
Classification: LCC PS3563.O3672 H43 2018 | DDC 811/.54--dc23

Cover art: Gronk, *untitled*, watercolor and ink, 2018
Book design by Ash Good, www.ashgood.design

What Books Press
363 South Topanga Canyon Boulevard
Topanga, CA 90290

WHATBOOKSPRESS.COM

for Linda Fry

CONTENTS / EL CONTENIDO

Manifesto 1984   3
    Manifiesto 1984

The Small World and the Big World   11
    El mundo pequeño y el mundo grande

Echolocation   15
    Ecolocación

A Vision   18
    Una visión

Rules for Building a Labyrinth   19
    Reglas para construir un laberinto

Minor Earthquake (in C Minor)   21
    Terremoto menor (en do menor)

One Miracle   23
    Un milagro

Wrinkles   25
    Arrugas

Death's Real Job   30
    El verdadero trabajo de la Muerte

Complexities   34
    Complejidades

Real Days Off Verdaderos dias libres	36
Terrorism: the View from Century City Terrorismo: visión desde Century City	39
The Bump El tope	41
The Trolley Problem El problema del tranvia	42
Dream Drain Desague de suenos	47
How to Play Ping-Pong with a Mirror Cómo jugar ping-pong con un espejo	49
In the Ocean of Nothingness En el océano de la nada	52
The Restoration La restauración	54
Compared to What Comparado a qué	55
from The Curiosity of Marlene K. La curiosidad de Marlene K.	57
Bittersweet Kaleidoscope Caleidoscopio agridulce	59
Glove Work Trabajo con guantes	63
What Permitted Me to Live to See This Cat? ¿Qué me permitió vivir para ver a este gato?	64

Cro-Magnon   68
    Cromañón

Eye Chart   72
    Tabla optométrica para una estación espacial orbitante

Milk   75
    Leche

The Origins that Memory Considers   76
    Los orígenes que la memoria considera

Sound Pushes Ahead of Sound   77
    El sonido rebasa al sonido

Elegy for Roy Orbison   81
    Elegia para Roy Orbison

Portrait in McVicker's Garden   82
    Retrato en el jardín de McVicker

Art of Poetry   85
    Ars poetica

Vallejo   88
    Vallejo

How to Quit Writing Poetry   92
    Cómo dejar de escribir poesía

An Answer   95
    Una respuesta

Postcards to Cliff City   100
    Postales desde Cliff City

The Foot Bridges   108
    Los puentes peatonales

Irreversible Chant   113
    Cántico irreversible

Reincarnation Slaughterhouse   115
    Matadero de la reencarnación

The Ghoul Convention   116
    La convención de los morbosos

Why the Heart Does Not Develop Cancer   119
    Por qué no le da cáncer al corazón

The Headwaters of Nirvana   121
    Los manantiales del nirvana

Chronology of Poems   124
Acknowledgments   126

THE HEADWATERS OF NIRVANA: REASSEMBLED POEMS

LOS MANANTIALES DEL NIRVANA: ANTOLOGÍA POÉTICA

MANIFESTO 1984

I'm not a punk, an intellectual,
or a neo-idealistic anarchist.
I'm not young, though when I was,
I danced to the music, I was famous
in the background, uninhibited in
the center of a crowd. The first
poems weren't difficult to write.
Persona? Style? No problem. Now
I'd like a disguise, a stack
that's different, but all
you see is someone who's
obsessed by poetry and can't
understand why so few others
don't hear the obvious.
A poem without words exists
in the midst of more words
than my mind knows what
to do with. And how could
any poet have warned me
that the poem changes
so slowly that the poet
can't figure out what happened
to "my" Collected Poems.
Why should I continue to put
one word in front of, behind, next

to? Now there's a question
I can't answer. For surely
the words in my mind aren't like
they are on the page. What do
words look like in my mind?
Easter Island statues bobbing
in a torrent of velvety plankton?
Or are they like Darwinian
roller coasters drag-racing twenty-
six letters, capitalized
parachutes emblazoned with
their intangible essence.
Each word's driven by the joke
that conjured up that word
millennia before I spoke it.
The engines cannibalize each
other's parts. What other way
is there to explain why this word
is here at the end of the line
rather than another word? Why
does this amusement park need
so many roller coasters? Actually
there's only one word in the brain
and every word we hear goes into
that word and every word we speak

comes out of it and it's a word anyone
can pronounce but nobody wants
to say. Since only one at a
time can fit in my mind, the roll-
ercoasters live in the real
world and move like hell when I want
their ride, ignoring the "scenery"
flying past. The Carthaginian
scenery. Imagine Hannibal's
consonants luring Scandinavian
vowels, self-constructed out of
territorial ambiguity. I wasn't going
to write anything this morning. I didn't
feel inspired. Yet now this
is in existence. It's strange
to think of anything coming
into existence. But here we
are, Cathay and me, alive and
working, tired every day, wondering
if we should get married. The TV
last night showed *Streetcar Named Desire*
and when I couldn't resist saying
Stanley's line about the Napoleanic Code
as he said it, you said when we get married
it's going to be the Josephine Rule.

One of the rules is making coffee in
the morning. I have to make twice
as much as we drink for it to taste good.
Otherwise, it's either too strong or weak.
Driving to work, it's easy to get lulled
on memorized routes. The revolution
didn't happen because I wasn't willing
to lead it. Or to follow. It would've
been meaningless unless people were paid
to read or write four hours a day.
This is as real as I can get, breathing
these words into your presence.
It's easy enough to make the mistake
that the poem is only a mask. The person
who writes the poem is the mask
the imagination stretches to appear
in this world. I choose to wear the mask
and have no idea of what you're looking at.

MANIFIESTO 1984

No soy punketo, intelectual
ni anarquista neoidealista.
No soy joven, pero cuando lo era
bailé al son de la música, era famoso

al fondo del escenario, desinhibido en
el centro de una multitud. Los primeros
poemas no fueron difíciles de escribir.
¿Personalidad? ¿Estilo? Sin problema. Ahora
quisiera un disfraz, un surtido
diferente, pero lo único
que ves es a alguien
obsesionado con la poesía, incapaz
de comprender por qué tan pocos
otros no oyen lo que es obvio.
Un poema sin palabras existe
entre más palabras que aquellas
con las que mi mente sabe
qué hacer. ¿Y cómo habría podido
advertirme algún poeta
de los cambios tan lentos del poema
que al poeta le impiden
descifrar qué les sucedió
a "mis" Poemas Escogidos?
¿Por qué habría de seguir poniendo
una palabra frente, tras, al lado
de? Esa sí es una pregunta
que no puedo contestar. Pues seguro
las palabras en mi mente no son como
son en la página. ¿Cómo se ven

las palabras en mi mente?
¿Estatuas de Isla
de Pascua bamboleándose
en un torrente de terso plancton?
¿O son montañas rusas
darwinianas que juegan arrancones con
veintiséis letras, paracaídas
en mayúscula ataviados
de su esencia intangible?
Cada palabra es propulsada por la broma
que conjuró a esa palabra
milenios antes de que yo la diga.
Los motores se canibalizan partes
mutuamente. ¿Qué otra manera
hay de explicar que esta palabra
está aquí al final de la línea
en vez de otra palabra? ¿Por qué
necesita este parque de diversiones
tantas montañas rusas? De hecho
sólo hay una palabra en el cerebro
y cada palabra que oímos entra
en esa palabra y cada palabra que hablamos
sale de ella y es una palabra que cualquiera
puede pronunciar pero nadie quiere
decir. Ya que en mi mente cabe

sólo una a la vez, las mon-
tañanas rusas viven en el mundo
real y vuelan como el diablo cuando quiero
su aventón, ignorando el "paisaje"
que pasa como bólido. El paisaje
cartaginés. Imagina las consonantes
de Aníbal atrayendo vocales
escandinavas, autoconstruidas a partir de
ambigüedad territorial. No iba
a escribir nada esta mañana. No me
sentía inspirado. Mas ahora esto
está en la existencia. Es extraño
pensar que algo
llegue a existir. Pero henos
aquí, Cathay y yo, vivos y
trabajando, cansados cada día, preguntándonos
si deberíamos casarnos. Anoche
la tele dio *Un tranvía llamado deseo*
y cuando yo no pude resistirme a decir
la línea de Stanley sobre el Código Napoleónico
como él la dijo, tú dijiste que cuando nos casemos
va a ser la Ley de Josefina.
Una de las reglas es preparar café en
la mañana. Debo preparar el doble
de lo que tomamos para que sepa bueno.

De otra manera, es o muy fuerte o muy aguado.
En el auto hacia el trabajo, es fácil arrullarse
en las rutas de siempre. La revolución
no sucedió porque no estaba dispuesto
a dirigirla. O a seguir. Hubiera
sido insignificante a menos de que le pagaran a la gente
para leer o escribir cuatro horas al día.
Esto es lo más honesto que puedo ser, exhalar
estas palabras al interior de tu presencia.
Ya es bastante fácil cometer el error
de que el poema es sólo una máscara. La persona
que escribe el poema es la máscara
que la imaginación estira para surgir
en este mundo. Elijo ponerme la máscara
y no tengo idea de qué ves.

THE SMALL WORLD AND THE BIG WORLD

I don't like what's happening to my imagination,
or yours. We used to think of both worlds
like weightless spheres at the same time,
but now the small one contracts and splatters
worries about food and rent and the difficulty
to think at the end of day is historical:
it's always a radical minority sneering
at colonization. Ours chased whoever disagreed
from Boston to Nova Scotia, confiscating their property.
Then they allied themselves with the French!
So if one country sending weapons and advisors
to another seems like the enemy
interfering with "our hemisphere," remember
that the essence of any revolution is betrayal.
Pinochet, Nixon, Kruschev, Castro, Ho Chi Minh,
Mao, Ramos, Ortega, Wilson, Bush, Hussein, Arafat,
Idi Amin, Kissinger. It's hard not to be afraid of them.
Jeane Kirkpatrick murdered García Lorca!
All I have to do is take one look at her face
and I recognize the leader of his firing squad.
Kirkpatrick's face is like a three-dimensional
painting of a vampire by Francis Bacon.
And even the leaders who aren't thugs

are no better than high school vice-principals,
intoning "No fighting, even in self-defense,"
so when W-----, one of the few big guys
who wasn't a bully, lost his temper and smashed
one on the nose, they kicked him out of school
halfway through his senior year. Driving
forty miles to work and back, the music
on the radio's boring. Although I only under-
stand the names of places, I turn to a Spanish
language station and feel like a blurred baby,
curious about the eternal syllable of one sentence.
What's he saying about El Salvador that I don't hear
in English? A president accuses left-wing guerrillas
of murdering peasants and blaming it on
right-wing death squads. He's not the first
president to lie. I can't do anything more about him
than Ahkmatova could do about Stalin.
Last night I couldn't even help the German shepherd
hunched into its haunches, trembling
by the center divider. Too late to pull over
since my lane vanished. I didn't hit
the dog, but someone, two or three miles
ahead, must've. Was there any way
it could've escaped? And the dog walked like it knew.

EL MUNDO PEQUEÑO Y EL MUNDO GRANDE

No me gusta lo que le está pasando a mi imaginación
ni a la tuya. Solíamos pensar en ambos mundos
como en esferas ingrávidas al mismo tiempo,
pero ahora el pequeño se contrae y salpica
la preocupación por la comida y por la renta y la dificultad
de pensar al final del día es histórica:
siempre es una minoría radical la que le hace muecas
a la colonización. Los nuestros persiguieron a quien discrepara
desde Boston hasta Nueva Escocia, confiscando su propiedad.
¡Luego se aliaron con los franceses!
Entonces, si un país que envía armas y asesores
a otro parece nuestro enemigo
interfiriendo con "nuestro hemisferio", recuerda
que la esencia de cualquier revolución es la traición.
Pinochet, Nixon, Kruschev, Castro, Ho Chi Minh,
Mao, Ramos, Ortega, Wilson, Bush, Hussein, Arafat,
Idi Amin, Kissinger. Es difícil no tenerles miedo.
¡Jeane Kirkpatrick asesinó a García Lorca!
Lo único que tengo que hacer es mirar su cara
y reconozco al jefe del escuadrón de fusilamiento.
La cara de Kirkpatrick es como una pintura tri-
dimensional de un vampiro de Francis Bacon.
Y hasta los líderes que no son vándalos

no son mejores que los subdirectores de prepa,
que entonan "No pelees, ni en defensa propia",
así que cuando W-----, uno de los pocos grandotes
que no era pendenciero, se salió de sus casillas y le atestó
un puñetazo en la nariz a uno, lo botaron de la escuela
a mitad de su último año. Al conducir
cuarenta millas al trabajo y de regreso, la música
de la radio es aburrida. Aunque sólo com-
prendo los nombres de sitios, sintonizo una estación
en español y me siento como un bebé difuso,
curioso de la sílaba eterna de un enunciado.
¿Qué está diciendo sobre El Salvador que no escucho
en inglés? Un presidente acusa a la guerrilla de izquierda
de asesinar campesinos y de culpar a los escuadrones
de la muerte derechistas. No es el primer
presidente en mentir. Respecto a él no puedo hacer
nada más que lo que Ajmátova pudo con Stalin.
Anoche ni siquiera pude ayudar al pastor alemán
recargado en sus ancas, que temblaba
en el camellón. Demasiado tarde para detenerme
ya que mi carril se desvaneció. No atropellé
al perro, pero alguien, dos o tres millas
adelante, seguro sí. ¿Había alguna manera
de que escapara? Y el perro caminaba como si supiera.

ECHOLOCATION

On a late night bus, my wet umbrella tapping in the aisle, I heard the driver's radio delivering Gene Ammons' "Jug Eyes."

Like the looping fringe of a pink hibiscus, a fragment believes it is the center of whatever it departs from. When I die, will each memory disappear into its aching source, tracing its border with the tip of a thorn?

We argued and then were silent. I tried to say something appeasing but she informed me immediately, "I'm not speaking to you anymore." As the afternoon dissolved, she said she was going to hike in Temuscula Canyon. "I thought you weren't talking to me anymore," I said, and she said, "I'm not. I'm broadcasting."

I walked a couple miles along a beach. Two boats strained to curve around the jetty the wind was pushing them towards. Jim Krusoe wasn't home so I got a bowl of soup at Du Pars and read a few chapters of *Moby-Dick*. The wind blew harder as I walked home, thinking of a book with watercolor illustrations of Tinker Bell and Captain Hook. What yard sale box was it slipped into when the Navy transferred my father to another port?

In a dream I wrote on paper so believable I ignored everything I'd written except the final rebuke of my obsession with a woman I had no photograph of, whose birthday was the following morning.

I hadn't seen her for over a year when she stopped her green VW for a red light at a corner with a lamp store I'd just walked out of with a big orange one.

I smiled, wishing she would pull over, roll down her window, or get out and ask how I was, but she turned her head and shook it in nauseated disbelief that she should be so unfortunate as to see me again, which she hasn't, except in dreams, where I vanish before I'm visible.

ECOLOCACIÓN

En un camión de madrugada—mi paraguas mojado golpetea en el pasillo—escuché que la radio del conductor tocaba "Jug Eyes" de Gene Ammons.

Como el flequillo rizado de una jamaica rosa, un fragmento cree que es el centro de lo que sea que constituya. Cuando yo muera, ¿cada memoria desaparecerá en su fuente dolida, rastreando su frontera con la punta de una espina?

Nos peleamos y luego callamos. Traté de decir algo sosegante pero ella me informó de inmediato: "Ya no te vuelvo a dirigir la palabra". Al disolverse la tarde, dijo que iba a escalar en Temuscula Canyon.

"Pensé que ya no me ibas a dirigir la palabra", dije, y ella dijo: "No te hablé. Estoy teletransmitiendo".

Caminé un par de millas en una playa. Dos botes se esforzaban por sacarle la vuelta al muelle hacia el que los empujaba el viento. Jim Krusoe no estaba en casa así que fui por un tazón de sopa a Du Pars y leí algunos capítulos de *Moby-Dick*. El viento soplaba más fuerte cuando caminaba a casa pensando en un libro con ilustraciones en acuarela de Campanilla y el Capitán Garfio. ¿En qué caja de venta de garaje lo habrán puesto cuando la Marina transfirió a mi padre a otro puerto?

En un sueño escribía en papel, tan creíble que ignoraba todo lo que había escrito excepto la reprimenda final de mi obsesión con una mujer de la que no tenía una foto, cuyo cumpleaños era el día siguiente.

No la había visto en más de un año cuando ella detuvo su Volkswagen verde en un rojo en la esquina de una tienda de lámparas de la que yo acababa de salir con una grande y anaranjada.

Le sonreí, deseando que se estacionara, bajara el vidrio, o saliera y me preguntara cómo estaba, pero giró su cabeza y la meneó con la incredulidad nauseabunda de que fuera tan desafortunada como para verme de nuevo, lo cual no estaba haciendo, salvo en sueños, donde me esfumo antes de ser visible.

A VISION
For Emile

Nupnah lingers in the minds
of grazing horses

Finally a god
who doesn't need to ride us

UNA VISIÓN
para Emile

Nupnah se demora en la mente
de los caballos que pastan

Por fin un dios
que no necesita jinetearnos

RULES FOR BUILDING A LABYRINTH

Like swimming, don't dig
by yourself. Make certain you start
in the same direction as your buddy.
Don't show off. It's not
how much dirt you lift,

but where you let it slip
off the shovel. Check for blisters.
Even when you're finished
digging for the day, keep
your shovel near;

in a moment of weakness, you
may need to share
an urgent secret:
the hole you almost fell into,
the whisper that lured you to its edge.

REGLAS PARA CONSTRUIR UN LABERINTO

Como al nadar, nunca excaves
sin compañía. Asegúrate de empezar
en la misma dirección que tu colega.
No te pavonees. No se trata
de cuánta tierra levantes

sino de dónde la dejas caer
de la pala. Revisa a ver si tienes ampollas.
Incluso cuando termines
de excavar esa jornada, mantén
tu pala cerca;

en un momento de debilidad, quizá
necesites compartir
un secreto urgente:
el hoyo en que casi te caíste,
el susurro que te atrajo hasta su borde.

MINOR EARTHQUAKE (IN C MINOR)

The force of the blow
jerks the wall I'm near,
a corner actually seems
to bend, though no crack
stiffens to prove the twist.
As the shaking simmers,
we race outside. Lamplight
seeps through curtains
like hot water flushing
coffee ground. The rooms
we live in bulge with our
absence and we hesitate
to enter, afraid
they might be airless
as the moon which glows
like an empty pan
sizzling above a steady flame.

TERREMOTO MENOR (EN DO MENOR)

La fuerza del golpe
estruja el muro junto a mí,
una esquina realmente parece
doblarse, aunque ninguna grieta
se tensa para demostrar la torsión.

Cuando estalla el temblor
salimos en desbandada. Luz de lámparas
rezuma a través de las cortinas como
agua caliente que percola
café molido. Los cuartos
en que vivimos rebosan de
nuestra ausencia y dudamos
en entrar, temerosos
de que estén sin aire
igual que la luna que fulgura
como sartén vacío
chisporroteando sobre una llama estable.

ONE MIRACLE
for Bob Flanagan

Stunned by tequila from the night before,
I remember poking at embers as dawn
puffed its mist into a clearing. Bob sang
and coughed, sang and coughed. Even then,
I wondered how much longer does he have?
Every time his body jerked, I winced.
I loved his improvised, contaminated genius.
Tonight he's in the hospital again, alone,
and this poem is like a waitress who deserves
a big tip—half the bill—for telling me
it's time to stop drinking coffee and drive over
and rescue him, perform the one miracle
I'm allowed to in this life, but I'm not,
because he's not the one I'm supposed to save.

UN MILAGRO
Para Bob Flanagan

Aturdido por beber tequila anoche,
recuerdo que moví las brasas mientras
el alba sopló su neblina hacia un claro.
Bob cantaba y tosía, cantaba y tosía. Incluso entonces
me pregunté cuánto tiempo iba a aguantar.
Cada vez que se sacudió su cuerpo, me estremecí
pero amé su ingenio sagaz y contaminado.

Esta noche de nuevo está en el hospital, solo,
y este poema es como una mesera que merece
una gran propina—media cuenta—por decirme
que es hora de que deje mi café y vaya
a rescatarlo, a realizar el único milagro
que tengo permitido en esta vida, pero no, no es cierto
porque no es a Bob a quien yo debo salvar.

WRINKLES

1.
As though it could do anything but vanish
my mother's life is only tiny stories now
and what I remember of them afterward:
how she loved to iron and drink beer on hot nights.

I too love to flatten wrinkles out of a shirt
with light blue, or dark green, or white cuffs.
Tonight I'm sipping beer, the radio's playing
"Bird of Prey Blues," followed by "All for You."

It doesn't take much to get me drunk.
Even so, I don't have enough beer
to savor it. I finish another three shirts
and imagine the wrinkles lifting off,
layering and coiling themselves around me
like petals of an invisible bouquet.

I think of my mother sitting in a front row of folded chairs
at Fort Rosecrans as I stood to speak about the man
whose uniform she ironed, the man whose ashes
were slowly marched in front of us.

This last shirt won't work with the iron.
It curdles in a corner, bunches and won't smooth.

2.
A couple hours later, it's still too hot to sleep:
my bare feet up on a wooden windowsill, big frame glass slid up.
> The rumor that proportion is only focus turned inside out is
> true enough to know its sneakiness.

The peppermint tea on the table is slowly cooling, so I know it's not
> time that's altering this clarity.

My mother says, "I don't think we ever really know anybody else
> I don't even know if we finish knowing ourselves."

She's sitting in her kitchen, refusing to eat any supper, insisting she's
> full from lunch, happy that I'm visiting long enough so that
> we can talk.

At 75, she hammers boards together for a raised bed in her garden
Irises, gladiolas, lilies.
This afternoon we were both reaching for a piece of paper and I
> brushed her fingertips.

My hands are almost as small as hers.
The warmth that in an instant gushed from her hand was pure out of
> focus accident,

the slow heat of a third year widow scorching a room
he sat in before he got up, folded towels, went to sleep, and died.

ARRUGAS

1

Como si pudiera hacer todo menos esfumarse
la vida de mi madre ahora es sólo pequeñas historias
y lo que recuerdo de ellas después:
su gusto por planchar y beber cerveza en noches cálidas.

Yo también amo alisar arrugas de camisas
con puños azul cielo o verde oscuro o blancos.
Esta noche estoy bebiendo, la radio toca
"Bird of Prey Blues", seguida de "All for You".

Para emborracharme, bastan muy pocas cervezas.
Incluso así, hoy no tengo suficientes
para hacerlo. Termino otras tres camisas
e imagino que las arrugas se levantan,
me encapan y se enroscan
como pétalos de un ramo invisible.

Pienso en mi madre, en primera fila—las demás sillas plegadas—
en Fort Rosecrans mientras yo, de pie, hablé del hombre
cuyo uniforme ella planchaba, el hombre cuyas cenizas

pasaron en una lenta marcha ante nosotros.
En esta última camisa, la plancha no funciona.
Se enrolla de una esquina, se abulta y no se deja alisar.

2
Un par de horas después, aún hace demasiado calor para dormir:
mis pies descalzos sobre un repecho de madera, abierto el gran marco
        de vidrio.
    El rumor de que la proporción es sólo enfoque vuelto
        del revés es tan verdad como para saber que es evasivo.
El té de hierbabuena se enfría en la mesa lentamente, así que sé
        que no es el tiempo el que altera esta claridad.

Mi madre dice: No creo que alguna vez conozcamos realmente
        a otra persona.
    Ni siquiera sé si terminamos de conocernos a nosotros mismos.
Sentada en su cocina, se niega a merendar mientras insiste
    en que se llenó en la comida y la alegra mi visita
        suficientemente larga para que conversemos.
A sus 75, ella martilla un bancal hecho de tablas
        en su jardín de irises, gladiolas, azucenas.
Esta tarde ambos intentamos tomar el mismo pedazo de papel
        y rocé las yemas de sus dedos.

Mis manos son casi tan pequeñas como las de ella.
La calidez que brotó de su mano en un instante
      fue un accidente desenfocado y puro,
el lento calor de sus tres años de viuda calcinando un cuarto
donde él se sentaba antes de pararse, se dormía, doblaba toallas,
      y murió.

DEATH'S REAL JOB

"You don't look your age," is the inevitable comment when Death admits he's over sixty years old, though modesty forbids him to reveal his exact birthdate. Anyone who meets him would guess he's in his early 40s and would question the date on his driver's license, although, in fact, in the photo on the license, Death does look much older. He attributes this to the poor lighting at DMV offices.

His youthful appearance is not an accident. He knows the secret of staying young is enjoying your work and not dawdling in the sun. His work is not what might be supposed. The hard task of getting one's business started was accomplished billions of years ago and now his progeny do the day to day tasks which they are naturally suited for, assignments which they complain are monotonous in their unvarying results. Although he no longer participates in the actual fulfillment of the inevitable, his presence on the planet is still required to keep the enthusiasm of the younger devotees from devastating every species.

He's still required to do an immense amount of paperwork, but thanks to computers, he has reduced that part of his life to five hours a week. To keep his mind sharp, he has developed a passion for astronomy. He enjoys the solitude and quiet of such research, although the anonymity is what he truly savors. Recently he has begun submitting papers under a pseudonym. His research is thorough and his papers contain hints and inferences which other astronomers often intuitively grasp and weave into their more general theories.

As he witnesses human beings discovering more and more about the nature of the universe, he finds himself growing amused by their naiveté. Human beings assume that Death has all the answers. He doesn't. He is as obsessed with certain questions as they are, and he doesn't know if he has enough time left to find the answers. Obviously, it isn't self-extinction he's afraid of. It's loneliness. The question haunts him: Is there death elsewhere?—or is he alone in the universe?

The so-called death of stars means nothing to him. That is only the disappearance or disintegration of unconscious molecules. He wants to know if something resembling him exists elsewhere, something hovering above every living creature, present in every daily gesture.

He isn't ethnocentric. Death elsewhere doesn't have to be exactly like him. As he scans astronomical journals, he hopes to find some clue which these mortals have overlooked, some almost invisible configuration which will affirm in at least one other place the ineradicable palpitation which echoes the heartbeat of every living creature.

EL VERDADERO TRABAJO DE LA MUERTE

"No pareces de tu edad", es el comentario inevitable cuando la Muerte admite que ya pasa de sesenta años, aunque la modestia le prohíbe revelar su fecha de nacimiento exacta. Cualquiera al conocerla supondría que está entrando en los cuarenta y cuestionaría la fecha en su licencia de manejo, aunque, de hecho, en la foto de la licencia, la Muerte sí se ve mucho más vieja. Se lo atribuye a la iluminación defectuosa en las oficinas de Tránsito.

Su apariencia juvenil no es un accidente. Ella sabe que el secreto de permanecer joven es disfrutar el trabajo de uno y no demorarse bajo el sol. Su trabajo no es lo que podría suponerse. La difícil tarea de arrancar un negocio propio la completó hace miles de millones de años y ahora sus progenie se encargan de los quehaceres del día para los que naturalmente están calificados, asignaciones de las que se quejan por la monotonía de los resultados invariantes. Aunque Ella ya no participa en la realización efectiva de lo inevitable, su presencia en el planeta aún es requerida para prevenir que el entusiasmo de sus devotos más jóvenes devaste todas las especies.

Ella todavía está obligada a hacer una cantidad inmensa de papeleo, pero gracias a las computadoras, ha reducido esa parte de su vida a cinco horas semanales. Para mantener su mente a punto, ha desarrollado una pasión por la astronomía. Disfruta de la solitud y calma de dicha investigación, aunque la anonimidad es lo que realmente la deleita. Recientemente comenzó a presentar ensayos bajo un seudónimo. Su investigación es concienzuda y sus escritos contienen guiños e inferencias que otros astrónomos a menudo captan intuitivamente y entretejen en teorías más generales.

A medida que ella atestigua el descubrimiento cada vez mayor de los seres humanos sobre la naturaleza del universo, la ingenuidad de ellos le divierte más. Los seres humanos asumen que la Muerte tiene todas las respuestas. No es así. Ella está obsesionada con ciertas preguntas tanto como ellos, y no sabe si le queda tiempo suficiente para encontrar las respuestas. Obviamente, la auto-extinción no es lo que la asusta. Es la soledad. La acosa esta pregunta: ¿existe la muerte en otra parte?, ¿o está sola en el universo?

La supuesta muerte de las estrellas no significa nada para la Muerte. Eso es sólo la desaparición o desintegración de moléculas sin conciencia. Ella quiere saber si en otro sitio existe algo que se le parezca, algo que se cierne sobre cada creatura viva, presente en cada gesto diario.

Ella no es etnocéntrica. La muerte en otra parte no tiene que ser exactamente como Ella. A medida que estudia las publicaciones astronómicas, espera encontrar alguna pista que estos mortales hayan pasado por alto, alguna configuración casi invisible que afirme en al menos un sitio más el palpitar inerradicable que hace eco al latir del corazón de cada creatura viva.

COMPLEXITIES

A bag of oranges
doesn't appear
to be heavy
but hold one
yourself and count
three hundred
cars driving by.
As she stands between
the stack of salty
peanuts and dusty
grapes, the bag
gets heavier and it
retains that heaviness
when it's passed through
the window; and the driver,
hoisting it onto
the passenger's seat,
thinks, this is a lot of
fruit for two dollars.

COMPLEJIDADES

Una bolsa de naranjas
no parece
tan pesada

pero cárgala,
contando
el paso de tres
cientos coches.
Ella está de pie
entre la pila de salados
cacahuates y polvorientas
uvas, y la bolsa
se vuelve más pesada y
retiene dicha pesadez
al pasarla por la
ventanilla; y el conductor
al lanzarla al otro asiento,
piensa, es muchísima
fruta por dos dólares.

REAL DAYS OFF

Since when is not
every day accounted for?
Suppose one is lucky
enough to have first
pick of days off
so that you can claim
the Thursday and Friday
before Independence Day,
and since it falls on
a Monday, and
this job has weekends
off, you get a five
day vacation using
only two of your
allotment. Thursday
is for laundry
and your eye
appointment
and Friday
for the brake job
on your 15 year
old car. Three
days left until
the abyss
beckons.

A few hours
with a beach umbrella
on Sunday will
suffice for a
survival memory.

VERDADEROS DÍAS LIBRES

¿Y desde hace cuánto no se toma
en cuenta cada día?
Supón que tienes suficiente
suerte y eres el primero en elegir
los días de descanso
para que puedas apartar
el jueves y el viernes
antes del día de la Independencia,
y ya que cae en
lunes, y
este trabajo no te ocupa
fines de semana, tienes una
vacación de cinco días usando
sólo dos de tu
reserva. El jueves
es para lavar la ropa
y tu cita con

el oculista
y el viernes para
reparar los frenos
de tu auto de hace
15 años. Tres
días te quedan hasta
que el abismo
te convoque.
Unas horas
con sombrilla en
playa de domingo
bastarán para un
recuerdo de supervivencia.

TERRORISM:
THE VIEW FROM CENTURY CITY

This time the President arrives in the final
helicopter, its rotor blades crushing air
against roped-off photographers. Halfway down
its stairs, he raises his arm with a waveless jerk
and steps into a limousine resembling one
outside Beirut, in which a man is packing
gelignite between the upholstery and the body's frame.
Like an amateur smuggler, he's more concerned
with quantity than hiding it. He's only careful
with the timer, inserting it in a hollow fire extinguisher
tucked behind the driver's seat. A curse, the gas tank's
empty. He pumps it full at a station a man's just left
whose wife and daughter will erupt in an hour,
their bodies briefly coiled by the explosion,
then scattered with a singular vehemence.
The crater underneath the extinguished space
of their last steps slowly expels a globe of stupefied air.
(1987)

TERRORISMO: VISIÓN DESDE CENTURY CITY

Esta vez el Presidente llega en el último
helicóptero, sus aspas giratorias prensan aire
contra los fotógrafos acordonados. A media
escalera, él alza su brazo de golpe y sin ondulación

y entra en una limosina que asemeja a otra
fuera de Beirut, en que un hombre empaca
gelignita entre la tapicería y el chasis
como un contrabandista amateur, más preocupado
por la cantidad que por ocultarla. Sólo es cuidadoso
con el cronómetro, que inserta en un extintor hueco
metido detrás del asiento del conductor.
Un mal de ojo, el tanque de gasolina
esta vacío. Lo llena al tope en una estación
de que se acaba de ir un hombre
cuya esposa e hija harán erupción en una hora,
sus cuerpos brevemente aovillados por el estallido,
luego desperdigados con una vehemencia singular.
El cráter bajo el espacio extinto de sus últimos pasos
despide lentamente un globo de aire aturdido.

THE BUMP

South of Pasadena in the far left lane, just before
heading up the hill alongside Chavez Ravine, a bump
lightly jerks the steering column: the driver's side front wheel
tilts and rocks back down.
                         It doesn't matter how old
or ruined a car I'm driving, this is the only moment
I wouldn't trade: complete foreknowledge would tempt me only if
it were written in poetry too personal for anyone else to understand,
of which this could serve as an intimate example.

EL TOPE

Al sur de Pasadena en el carril de extrema izquierda, justo antes
de remontar la loma a lo largo de Chavez Ravine, un tope
jalonea levemente la columna de dirección: la llanta delantera de mi lado
se inclina y vuelve a enderezar.
                         No importa qué tan viejo
o arruinado sea el auto que conduzco, éste es el único instante
que no intercambiaría: una precognición completa me podría tentar
       tan sólo
si estuviera escrita en una poética demasiado personal para que
       alguien más la entienda,
de la que esto podría servir como un ejemplo íntimo.

THE TROLLEY PROBLEM

> *"and then a Plank in Reason, broke,"*
> —Emily Dickinson

Still puzzled at the pull
      of affections and fate, and how
            it could have turned out otherwise,

I sketch tiny skeins of
      elongated figures in dirt,
            obsessing over the trolley

problem: five strangers and an aging,
      stocky man who is my identical twin
            tied down in a splayed diversion

of Philippa Foot's high noon.
      The odd part is this trolley
            won't move until all

their friends, the ones tempted to serve
      as replacements, have gathered
            to watch: of all unlikely candidates,

how did I end up throttling
      the switch? And I have no answer,
            malicious or benign, for them.

I can imagine the decibels
        of track, but not the screeches
                of disbelief as I jerk the lever,

laughing to myself: it doesn't
        do any of the five a favor
                for me to kill my twin.

The rules demand that one
        random survivor replace
                these fingers at the switch

and I pivot and replace him or her
        in the curve of survivors awaiting
                the acceleration of the next

standing-room-only trolley,
        the jostling whispers of its passengers
                athwart their private tribulations.

Footnote 1: If one's mother is tied as the single person on the second track, then most people will choose the death of five strangers on track number one, though with notable, single-minded exceptions. Norman Bates, for instance, if presented with this binary, would say, "What five people?" as he kept his thumb pressed tightly to track number 2.

Footnote 2: Sometimes this problem is described in terms of a situation created by a "mad philosopher," who has tied six people to a track, five of whom are strangers and one of whom is a friend of the person at the switch. But how is it that the person at the switch has gained the trust of the Mad Philosopher so that that person can control the switch? In fact, if I am the one at the switch, how is that I have allowed the Mad Philosopher to tie people to the track?

EL PROBLEMA DEL TRANVÍA

"Y luego a la Razón se le rompió una Tabla"
—Emily Dickinson

Aún consternado ante el tirón
    de los afectos y el destino, y por cómo
        hubiera sido otro el resultado,

esbozo nimias madejas de
    figuras alargadas sobre tierra,
        obsesionado con el problema

del tranvía: cinco pasajeros y un hombre
    de edad, bajo y fornido que es mi gemelo
        amarrados al suelo en un desvío distendido

del mediodía de Philippa Foot.
    Lo extraño es que el tranvía
        no se moverá hasta que todos

sus amigos, los que fueron tentados a servir
    como reemplazos, se hayan reunido
        para mirar: de todos los candidatos improbables,

¿cómo fue que terminé accionando
    el interruptor? Y no tengo respuesta,
        malévola o benigna, para ellos.

Puedo imaginar los decibeles
    de las vías, pero no el chillido
        de incredulidad mientras jalo la palanca,

riendo para mí: no le hace
    ningún favor a alguno de los cinco
        si mato a mi gemelo.

Las reglas exigen que un
    sobreviviente aleatorio reemplace
        mis dedos en el interruptor

y doy media vuelta y reemplazo a él o a ella
    en la curva de sobrevivientes esperando
        la aceleración del siguiente

tranvía en que todos van de pie,
    los susurros a empujones de pasajeros
        cruzando tribulaciones en privado.

Nota al pie 1: Si la madre de uno es la única persona amarrada sobre la segunda vía, entonces la mayoría de la gente elegirá la muerte de cinco desconocidos sobre la vía número uno, aunque con notables excepciones monomaníacas. Norman Bates, por ejemplo, al presentársele esta disyuntiva diría "¿Cuáles cinco personas?", mientras su pulgar seguiría colocado firmemente sobre la vía número 2.

Nota al pie 2: Algunas veces este problema es descrito en términos de una situación creada por un "filósofo maligno" que ha atado a seis personas a una vía, cinco de las cuales son desconocidos y una de los cuales es un amigo de la persona al mando del interruptor. Pero, ¿cómo es que la persona ante el interruptor se ha ganado la confianza del Filósofo Maligno, para poder controlar el interruptor? De hecho, si yo soy la persona ante el interruptor, ¿cómo es que permití que el Filósofo Maligno atara gente a las vías?

DREAM DRAIN

Near the curving rim of a small
white sink, four drain holes gape
with the pure solidity of absence.
Like a trap pleased with its taunting
bait, the holes stretch as my fingers
squeeze through, and the skin coils
itself around my wiggling hand
like a glove, padded with effusive clay,
meant to flicker its glazes in the shoals of
a solar river, so when I meet others, the basin
that is sorrow mouths their nicks and sores,
and smothers their chaos with a secret oil.
Still, no matter how thin and light
this shell, its weight tugs. No one seems
to wonder why my fingers have drooped,
or how sometimes I'll be standing there
just talking, and the sink will fracture like a glacier
and dangle from my oblong, prickling arm,
ripe with all it's washed into furious depths.

DESAGÜE DE SUEÑOS

Cerca del borde curvo de un pequeño
lavabo banco, hay cuatro hoyos de desagüe boquiabiertos
con la pura solidez de la ausencia.

Como una trampa complacida por su mofante
carnada, los hoyos se estiran mientras mis dedos
entran apretados, y la piel se abulta
en torno a mi mano que meneo
como un guante relleno de barro efusivo,
hecho para titilar su esmalte en los cardúmenes
de un río de sol, para que cuando otros vengan, el cuenco
que es desdicha, boquee sus cortadas y úlceras,
y unte sus caos de un aceite secreto.
Aun así, no importa cuán delgada y leve
sea esta concha, su peso vence. Parece que nadie
se pregunta por qué mis dedos se han flacidecido
o cómo algunas veces estoy aquí de pie
simplemente hablando, y el lavabo se fractura cual glaciar
y cuelga de mi brazo oblongo y hormigueante,
maduro de cuanto ha desaguado a fúricas honduras.

HOW TO PLAY PING-PONG WITH A MIRROR

Make certain you tighten
the net. Paint it red
and blue with streaks—
almost invisible—of orange.
A fringe of paper stars
along the out of bounds edge.
Let M. serve first,
watch the ball spin
into your paddle, swallow,
be swallowed, evaporate!
A tingle unto your very knees.
The faucet and razor applaud.
A superb volley!
Divide the ball in half
exactly so that each of you is hitting
your side of the ball
simultaneously. Since no shot
can blur out of bounds, the syn-
chronization of beard,
too rough to kiss you with, and razor,
blossoming with lather, lines up
each day in a row, violins
plucked for several seconds,
stubble's grit in the sink, the ball
floating there like a bobber

on a fishing line, pull
the stopper, kiss her.
Each half passes
the other at an equinox
of immobility
between the mirror's navel
and your glowing, secret eye.

CÓMO JUGAR PING-PONG CON UN ESPEJO

Asegúrate de tensar
la red. Píntala de rojo
y azul con rayas—
casi invisibles—de anaranjado.
Una tira de papel comienza
a lo largo del borde de la mesa.
Deja que E. tire primero,
mira a la pelota girando
hasta tu raqueta, engulle,
sé engullido, ¡evapórate!
Algo escalofría tus rodillas.
El grifo y el rastrillo aplauden.
¡Una espléndida volea!
Parte la pelota en dos exactamente
para que cada uno de los dos le pegue

a su lado de la pelota
simultáneamente. Ya que ningún disparo
puede difuminarse hasta salir del terreno, la sin-
cronización de la barba
—demasiado brusca para besar—y rastrillo,
floreciendo con espuma, se alinea
cada día en una fila, violines
tañidos por varios segundos,
las cortaduras de barba en el lavabo, la pelota
flotando ahí cual corcho
en un hilo de pesca, destapa
la botella, besa a la chica.
Cada mitad pasa ante
la otra en un equinoccio
de inmovilidad
entre el ombligo del espejo
y tu ojo secreto y fúlgido.

IN THE OCEAN OF NOTHINGNESS

Wading into clean, wrinkled laundry,
my ironing board's a pier
with buttoned-down barnacles.

The water will be warmer tomorrow.
It sloshes around my ankles
as I walk between sticky pilings.

Hip-deep, I finish the sleeves
of my third shirt, lean back
and float on crescents of disbelief

until I sink. A little background noise,
even in these depths, makes illusions
more believable to anyone gazing down.

I went for a long swim last night
between two tiny continents.
The entrails of a transparent fish

swayed in mordent harmony.
Near dawn, it spoke: "I am this universe."
Its gills rippled like buoyant silk.

EN EL OCÉANO DE LA NADA

Navegando entre ropa limpia y con arrugas,
mi burro de planchar es un embarcadero
con bálanos abotonados.

El agua será más cálida mañana.
Chapotea en torno a mis tobillos
mientras camino entre montones pegajosos.

Con el agua a la cadera, termino las mangas
de mi tercera camisa, me reclino
y floto en lunas menguantes de incredulidad

hasta hundirme. Un poco de ruido de fondo,
incluso en esta hondura, hace ilusiones
más creíbles para quien ve hacia abajo.

Ayer fui a nadar un largo rato
entre dos pequeños continentes.
Las entrañas de un pez translúcido

se balanceaban en mordente armonía.
Casi al amanecer, habló: "Yo soy este universo".
Sus branquias ondearon como seda en agua.

THE RESTORATION

You cannot grieve for that which snags no name.
Without that wounded underbelly, memory
cannot commune. Soon the name your friends
and lovers savor as the firm edge of wistful voice
will vanish. *God loves you*, say the sermons and *Psalms*

but He doesn't know my name, or yours.
Any of our names. The grief that he remembers
is how no universe can be immortal,
not even the one he tried to name,
a word that meant, the miracle of nothingness.

LA RESTAURACIÓN

No se puede estar de luto por lo que no ataja ningún nombre.
Sin ese vientre herido, la memoria
no puede comulgar. Pronto el nombre que tus amantes
y amigos saborean como el borde firme de la anhelante voz
se esfumará. *Dios te ama*, dicen los sermones y los *Salmos*

pero Él no sabe mi nombre, ni el tuyo.
Ni el de nadie. El luto que Él recuerda
es que ningún universo puede ser inmortal,
ni siquiera ese al que trató de dar un nombre,
una palabra que expresó, el milagro de la nada.

COMPARED TO WHAT

I can't admit to myself the name of the one I betrayed the most.
At last I can enjoy the futility of trying to confide like this!

Clouds charred in twilight's scarlet ridges are nothing quite like this:
A mood to remember, a promise meant to be enticing like this.

A small, cold bedroom glistened with our quiet, heaving breath.
Flannel sheets entangled, we couldn't remember ever being held tight
      like this.

The choice to help, over being helped, began with a bite like this.
Imperfect tenderness mingles in a drizzle with rhymes like this.

More light! More shadows! Perhaps our words, were not desire
But bouncing grids of isolation within a coil bright like this.

The sweet spot of a song's rendition chimes and blends like this.
Only using her real name, Bill, could assuage a memory contrite like this.

COMPARADO A QUÉ

No puedo admitir para mí mismo el nombre de quien más he traicionado.
¡Por fin puedo disfrutar lo fútil de intentar confiar así!

Las nubes calcinadas por la cresta púrpura del ocaso no dan asombro así:
Un ánimo para recordar, una promesa hecha para atraer así.

Un cuarto breve y frío relucía por nuestra respiración calma y jadeante.
Sábanas enredadas de franela, no pudimos recordar brazos que
    estrecharan así.

La elección de ayudar, más que de recibir ayuda, comenzó con un
    mordisco así.
La ternura imperfecta se mezcla en la llovizna con rimas así.

¡Más luz! ¡Más sombras! Quizá nuestras palabras no fueron deseo
sino redes de aislamiento saltado en una bobina iluminada así.

El punto óptimo auditivo de una canción repica y se funde así.
Sólo usar el verdadero nombre de ella, Bill, mitigaría una memoria
    arrepentida así.

FROM THE CURIOSITY OF MARLENE K.

7.
Today, August 14, clouds
furrow inland from the ocean's
breeze in a grey nephocandescence.
You, whom my love has served the most,
believe you know my generosity's
limits. What I give, and withhold,
appear to be distinct, but my choice
to listen to your daily recitation
of what you see and think both gives
and withholds the quietness that is me.
When you are finished, you ask what
my day was like. I have nothing to say.
There were many couplings of wind and light
in a sky where those two beings
are often separated and I saw only one
of them. It was very brief. I have retained
a portion of that intricate torrent
and you are welcome to it all.

"LA CURIOSIDAD DE MARLENE K." (*FRAGMENTO*)

7.
Hoy, 14 de agosto, al ir tierra adentro
las nubes se arrugan por la brisa

del océano en una nefocandescencia gris.
Tú, a quien mi amor más ha servido,
crees saber los límites
de mi generosidad. Lo que doy, lo que retengo,
parecen distintos, pero mi elección
de escuchar tu diaria retahíla
de que lo ves y piensas da y retiente
al mismo tiempo lo callado que hay en mí.
Cuando terminas, preguntas cómo
fue mi día. No tengo nada que decirte.
Hubo muchos acoplamientos de viento y luz
en un cielo en que ambos seres
a menudo viven separados y sólo vi uno
de los dos. Fue fugaz. He conservado
una porción de ese intricado torrente
y te lo ofrezco todo a ti.

BITTERSWEET KALEIDOSCOPE

I wake six hours after a midnight bath, rubbing the truculence
of my two-day-old beard. I wish your fingers
could slide these bristles off like frosting from a long flat cake.
I put on a tape of Sami Frey reading Georges Perec's
Je me souviens, music by Gavin Bryars.
I remember muddy mountain paths, increments
of fossils and embers, and sage leaves rubbed between thumb
and forefinger, inhaling the kindled scent of lemon's distant essence.
I remember breathing slowly out, the soft incline
of moaning an old name. I remember Quonset huts,
gravel paths, steep ladders, and sand dollars
as thick as wildflowers on beaches now barren.
I remember Greg Ginn asking me to improvise
words on stage as he played bass
to my left. Chuck Dukowski and Jack Brewer,
watched me steer chevrons of abandoned roads.
I remember a dog named Alice dashing through snow,
and another named Bruno circling my legs
with a vortex of a flannel rag in his mouth.
I remember cats, Miko, Stan, Martine, and Nanizaza,
asleep on piles of poems on my desk on Hill Street.
I remember walking through a very light rain
to hear Wim Mertens play piano at McCabe's.
I've moved around a lot the past twelve months.
sleeping on floors, and small beds, unheated rooms.

I miss the ocean's pulverized saltiness, and gray clouds
breathing the high winds that wait for our lives to blend
with their "endlessnessnessnessness."
                              Remembering the anniversaries
of giving birth my mother says, "I think I miss your father
more on your birthday than the other kids'
since you were the first." This afternoon I'm heading north
to hear Ed Dorn's final reading at Beyond Baroque.
She bundles calla lilies in a rubber bucket
For me to stop with at Fort Rosecrans, and stake
Inside a tarnished funnel. The marble bevels
My father's rank, "AD 1." My discipline's
a bittersweet kaleidoscope. I salute his ashes,
Knowing mine will be swiveled in the waters
Gnawing at the crevices of Point Loma, far beyond
The turmoil of any restoration he hoped for, and deserves:
The blessing to witness how my evasions will quietly light
The remnants of a permanent thirst—raspberries, shovels, tendrils,
jokes, boiling water, staircases for defectors, crayons, wool blankets,
        scrotums,
totems, pancakes and pineapples, the Silence which says, "In order
        to survive,
I must begin to speak, even if others soon do not understand my words."

CALEIDOSCOPIO AGRIDULCE

Me despierto seis horas después de un baño a medianoche, frotando
    mi barba
truculenta de dos días. Quisiera que tus dedos rayeran estas hebras
como el glaseado de un pastel plano y oblongo.
Pongo una grabación de Sami Frey leyendo *Je me souviens*
de George Perec, música de Gravin Bryars.
Recuerdo senderos fangosos de montaña, incrementos
de fósiles y brasas, y hojas de salvia frotadas entre índice
y pulgar, inhalando el encendido aroma de la distante esencia del limón.
Recuerdo mi lenta exhalación, la suave cuesta
de gemir un nombre viejo. Recuerdo las chozas de Quonset,
senderos de grava, escarpadas escaleras, y galletas de mar
gruesas como flores salvajes en playas ya baldías.
Recuerdo a Greg Ginn pidiéndome improvisar
palabras en el escenario mientras él tocaba el bajo
a mi izquierda. Chuck Dukowski y Jack Brewer
me vieron manejar por los recodos de abandonados caminos.
Recuerdo a un perro llamado Alice corriendo por la nieve,
y otro llamado Bruno dando vueltas a mis piernas
con un trapo de franela como vórtice en su hocico.
Recuerdo gatos, Miko, Stan, Martine y Nanizaza,
dormidos en legajos de poemas sobre mi escritorio en Hill Street.
Me recuerdo caminando bajo una lluvia muy ligera
para escuchar a Wim Mertens ante el piano en McCabe's.

Los últimos doce meses me he movido mucho,
dormí en pisos o camas pequeñas, en cuartos sin calefacción.
Extraño la salobridad en polvo del océano y las nubes grises
respirando los altos vientos que esperan a que nuestras vidas se mezclen
a su "perpetuidadadadad".
                      Al recordar las fechas
de sus alumbramientos, mi madre dice: "Creo que extraño a tu padre
más en tu cumpleaños que en el de los otros niños
pues tú fuiste el primero". Esta tarde iré hacia el norte de Los Ángeles
para oír la lectura final de Ed Dorn en Beyond Baroque.
Ella junta alcatraces en un cubo de plástico
para que me detenga en Fort Rosecrans y los coloque
en un embudo deslustrado. El mármol bisela
el rango de mi padre, "AD I". Mi disciplina
es un caleidoscopio agridulce, desbancado. Ofrezco mi respeto a su ceniza,
sabiendo que las mías serán lanzadas a las aguas
que dentellan las fisuras de Point Loma, mucho más allá
del túmulo de cualquier restauración que él esperaba, y merece:
la bendición de atestiguar cómo mi evasión aluzará calmadamente
los retazos de una sed constante—frambuesas, palas, zarcillos,
bromas, agua hirviente, escaleras para tránsfugos, crayones, sábanas
de lana, escrotos, tótems, panqués y piñas, el silencio que dice:
       "Para sobrevivir
debo empezar a hablar, incluso si pronto los demás no
comprendan mis palabras".

GLOVE WORK

Gray light summoning gray
mutes the yellow core
of his cornflowers, sprouted
from last year's debris.
Nine months now: his death
is being born, a geyser-stalk
of lettuce gone to seed.

TRABAJO CON GUANTES

La luz gris que convoca al gris
silencia a la médula amarilla
de sus acianos, florecidos
de derrubios del año anterior.
Nueve meses ya: su muerte
está naciendo, tallo de geiser
de lechuga trocada en semilla.

WHAT ALLOWED ME TO LIVE TO SEE THIS CAT?

A cat's on a ledge, balled up against the rain,
fur splaying through the window screen to the wet glass.
The ledge's dry strip slowly narrows
as wind flattens rain into wood.

The gusts pause. The cat uncoils, licks
its damp fur, stretches against the drizzle,
trapping its morning but then the storm explodes.
The cat hunches hour after hour—

until a puddle spreads under its paws
and it leaps into the storm. Superstitious,
I always slip my motorcycle gloves flat across
my buckled chin strap, the helmet a particular

angle on the closet shelf. This is ritual,
the concentrated, breathless hope that death
will be avoided til I'm asleep tonight.
The visiting friend is dangerous: he whimsically flipped

my gloves out of my helmet. Rearranging them, I glared.
The sense of being violated, I tell myself
as when in the fluorescent blueprint room
I turned around and saw another worker

spray my helmet with window cleaner—
"What's the matter," he said, "it's dirty,
why are you so upset?" How could I explain
the dirty map accumulated on my helmet

stains my private myth. I didn't clean it,
even after I hit a car. The white splotch
from bounding off the asphalt glowed
like a raw scar until dirt, again, covered it.

As though hiding in a final cloud,
rain paused in the leafy tree,
then splattered on the patio as Jim and I
stood under a train station walkway.

Bubbles began to globe on brick
and slide towards the fountain in the center.
"Later it seemed odd to me," he said, "to think
of two grown men staring at bubbles."

¿QUÉ ME PERMITIÓ VIVIR PARA VER A ESTE GATO?

El gato en un alféizar, aovillado ante la lluvia.
Su pelaje cruza el mosquitero hacia el vidrio mojado.

La franja seca del alféizar se adelgaza lentamente
por el viento que aplasta el agua en la madera.

Los ventarrones pausan. El gato se despliega, lame
su pelaje húmedo, se estira contra la llovizna,
atrapando su mañana, pero luego explota la tormenta.
El gato permanece encogido hora tras hora—

hasta que bajo sus patas crece un charco
y luego salta a la tormenta. Yo, supersticioso,
siempre deslizo mis guantes para moto por encima
de mi correa de mentón, pongo el casco a un cierto

ángulo en la repisa del armario. Esto es ritual,
la concentrada esperanza sin aliento de evadir
la muerte hasta el sueño de esta noche.
El amigo visitante es peligroso: se le ocurrió sacar

los guantes del casco. Reacomodándolos con furia
lo miré. La sensación de ser vejado, me digo
como cuando vi al girarme en el cuarto
de cianotipia fluorescente que otro empleado

rociaba mi casco de limpiador para ventanas—
"¿Qué pasa?", me dijo, "está sucio,
¿por qué te enojas?" Cómo podría explicarle
que el mapa de suciedad acumulado en mi casco

teñía mi quimera personal. No lo limpié,
ni después de golpear un coche. El tallón blanco
por el rebote en el pavimento relucía como una cicatriz
en carne viva hasta que el polvo de nuevo la cubrió.

Como escondiéndose en una nube final,
la lluvia se detuvo en el árbol frondoso,
luego salpicó en el patio mientras Jim and yo
estábamos en un pasillo de estación de trenes.

Las burbujas comenzaron a nacer de los ladrillos
y deslizarse hacia la fuente en el centro.
"Luego me pareció extraño", dijo, "pensar
en dos hombres adultos mirando unas burbujas".

CRO-MAGNON

Bundling chrysanthemums, anemones,
and gladioli on my motorcycle's
red gas tank, I headed off
to Peter Levitt's house. He's ill.
A wind churning from the deserts
jolted me so hard I was lifted
into the next lane.
                              No car was coming.
Peter staggered from his bed,
found a vase under a kitchen sink.
He said anemone means daughter
of the wind. Protected. This time.
Other nights I was spared
only by the subcutaneous radar
of terror: slow down. I don't
ride motorcycles anymore and miss
riding beside the ocean
on summer nights. Ah, t-shirts!
The men and women at last night's
party miss Beruit much more.
Their eyes and mine coiled
the same brown and yellow hues.
More than once, they asked,
"Are you Lebanese?" as though
I were a cousin who'd missed

the matriarch's funeral.
This morning Cathay and I
walked through aisles of irises,
tulips, and hydrangeas, buying,
for once, as much as we pleased.
Each bouquet's topped by a flower
we've never seen before, a pin
cushion protea. Today the wind
is very gentle. Orange
and blue petals of a bird
of paradise bulge at their
birth-seams and a trickle
of clear fluid seeps down
the side. I dip my finger in,
anoint my eyelids, and bless
this day, almost finished.

CROMAÑÓN

Después de atar anémonas, gladiolas
y crisantemos en el tanque rojo del gas
de mi motocicleta, me lancé
a casa de Peter Levitt. Está enfermo.
Del desierto una ráfaga impetuosa
me sacudió tan fuerte que di un brinco

al carril siguiente.
                        No venía ningún auto.
Peter dejó la cama, tambaleándose,
encontró un jarro bajo el fregadero de la cocina.
Dijo que anémona quiere decir hija
del viento. Esta vez fui protegido.
Otras noches sólo me salvó
el radar subcutáneo
del susto: desacelera. Ya no
ando en moto y me hace falta
conducirla junto al mar
en noches de verano. ¡Ah, las camisetas!
Los hombres y mujeres en la fiesta
de anoche extrañan Beriut mucho más.
Sus ojos y los míos se enroscaban
en los mismos tonos pardos y amarillos.
Más de una vez me preguntaron,
"¿Eres libanés?", como si fuera
yo un primo que no estuvo
en el funeral de la matriarca.
Esta mañana Cathay y yo
caminamos por pasillos de hortensias,
tulipanes, irises, compramos,
por una vez, tantas como nos vino en gana.
Cada ramo, rematado de una flor

que no habíamos visto nunca antes, una
leucospermum. Hoy el viento
es muy ligero. Los pétalos
naranjas y azules de un ave
del paraíso se hinchan en sus
bases y un hilillo de fluido
transparente se desliza
hacia abajo, por un lado. Hundo el dedo en él,
unjo mis párpados y bendigo
este día, que casi ha terminado.

EYE CHART FOR AN ORBITING SPACE STATION

The Great Wall of China, a herd
of buffalo listening to ice's
fractured staircases, Nepal's
feast fires, the tortillas
the dead eat with moonlit beans.
The oppressors can be seen,
and the oppressed, and neither
clean up the shit of their dogs.
Stadiums on winter afternoons,
seats of empty noise, chicken coops
in California and Arkansas, small
children and how they see the barriers
of the unpronounceable, the waffles
of Saskatchewan, the neon of the last
gas station between Hobbs, New Mexico
and wherever the death of your
oldest child will be. From further out,
those not yet born choreograph
the funerals of the past millennium,
chorus on concavities of choruses,
Pueblos abandoned in drought,
scorched tingle of grass and cactus,
a rabbit coiled on a punched-out bowl,
exploded nova notched on clay.

TABLA OPTOMÉTRICA PARA UNA ESTACIÓN ESPACIAL ORBITANTE

La Gran Muralla China, una manada
de búfalos oyendo el hielo y sus
rotas escaleras, los festines
de fuego de Nepal, tortillas que los muertos comen
con frijoles alumbrados por la luna.
Se pueden ver los opresores,
y los oprimidos, y ninguno
limpia la caca de sus perros.
Estadios en tardes invernales,
asientos de ruido hueco, gallineros
en Califorina y Arkansas, los niños
pequeños y cómo miran las barreras
de lo impronunciable, los waffles
de Saskatchewan, el neón de la última
gasolinera entre Hobbs, Nuevo México,
y donde sea que la muerte de tu
hijo mayor suceda. Desde más lejos,
los aún no nacidos coreografían
los funerales del milenio pasado,
coros en los huecos de los coros,
pueblos de indios abandonados por sequía,

hormigueo calcinado de césped y nopales,
un conejo acurrucado en un tazón poroso,
explosión de nova escrita en barro.

MILK

A pail of milk. I stick my finger in. I hear lips moving. A purple line loops my fingers and wraps my hand until it's bandaged tight and round as the heart of a huge vegetable. My hand throbs as if it could split in half and form lips for holding swollen milk. I'm alone and old. The pail is empty. I hear lips moving.

LECHE

Un cubo de leche. Hundo el dedo. Oigo el movimiento de unos labios. Una línea morada rodea mis dedos y envuelve mi mano hasta que está ceñidamente vendada y redonda como el corazón de un gran vegetal. Mi mano punza como si pudiera partirse a la mitad y formar labios para sostener leche inflamada. Estoy viejo y solo. La cubeta está vacía. Oigo el movimiento de unos labios.

THE ORIGINS THAT MEMORY CONSIDERS

Objects linger when they move,
unaware of this day's alignment
between your death and mine.

LOS ORÍGENES QUE LA MEMORIA CONSIDERA

Los objetos se demoran al moverse,
inconscientes de la alineación del día
entre tu muerte y mi muerte.

SOUND PUSHES AHEAD OF SOUND

My ear drum itched—
my little finger
began digging in

and my whole hand
slid in
gently

I could feel my brain
as intimately
as a piece of soap

lathering my arms
and thighs. I squeezed
the crust of my brain

as a child might brush
her mother's breast
while suckling.

I'd been sad
for many days
in a way I couldn't

explain but now
a rippling pandemonium
fluttered as I caressed

the back of my skull
with the back of my hand,
knuckles rocking against

the smooth dome;
and my brain rubbed
back and my lips

stretched. Like a womb
contracting, my skull
squeezed my hand out.

Steam rose from fingers
as I held it up
to dry in morning's light.

EL SONIDO REBASA AL SONIDO

Mi tímpano escocía—
mi meñique
comenzó a escarbar

y mi mano entera
cupo dentro
suavemente

sentí mi cerebro
tan íntimamente
como una barra de jabón

espumando mis brazos
y muslos. Apreté
la corteza de mi cerebro

como un niño podría rozar
el seno de su madre
al mamar.

Había estado triste
muchos días
de una manera que no podía

explicar pero ahora
un pandemonio de olas
revoloteaba mientras yo acariciaba

el dorso de mi cráneo
con el dorso de mi mano,
los nudillos meciéndose contra

el terso domo:
y mi cerebro devolvió
el masaje y mis labios

se estiraron. Como útero
contrayéndose, mi cráneo
sacó mi mano de apretón.

Un vapor brotaba de mis dedos
cuando alcé la mano
para secarla en luz de la mañana.

ELEGY FOR ROY ORBISON

Soon lips and mouth contour
a face. Bigger and bigger we grow
but the ratio of the universe
to our size stays the same.

All of us feel it—a terrifying
littleness. Yet suppose there were
a limit—that all there was stalled
at Mars or Jupiter and nothing else—

not even nothingness—pinched that
impermeable limit. That would be
scarier. It's easier to imagine
existence as immense and so we do.

ELEGÍA PARA ROY ORBISON

Los labios y la boca pronto cercan
una cara. Nosotros crecemos y crecemos
pero la proporción del universo
a nuestro tamaño sigue igual.

Todos lo sentimos—una horrorizante
pequeñez. Sin embargo, supón que hubiera
un límite—que todo lo que hay

quedase en Marte o Júpiter y nada—
ni el vacío—penetrara dicho
cerco impermeable. Eso sería
más horrendo. Más fácil es imaginar
la existencia así de inmensa y eso hacemos.

PORTRAIT IN McVICKER'S GARDEN

My face cannot be finished. Two days
I've stared and slouched near cusps
of dahlias, foxgloves creamed with red,
my chest and shoulders swelling
in a dark shirt, jeans trenched
between white petals as each slides
an edge under another's wavering
fan of points—"It's not working,"
he says, lifting the canvas off.
As I kneel on a narrow stone path,
the wetness of mud seeps through
my pants, sipping up my thighs.
A big hat darkens my chin. Yellow
peonies uncoil. A leaf isn't smooth,
but puckers from edge to spinal thread.
Light scuffs the repetition
until color roughens: lilac squats,
orange puffs, yellow crouches
in creased gourds, thick husks
of amber, shrill asperities,
stretched greys, pink's ziggurats,
lips parted for your garden's kiss.

RETRATO EN EL JARDÍN DE McVICKER

Mi rostro no puede ser terminado. Dos días
he mirado fijamente, encorvado junto a coronas
de dalias, deladeras cremadas de rojo,
mi pecho y mis hombros se hinchan
en una camisa oscura, el pantalón atrincherado
entre pétalos blancos mientras cada uno desliza
un borde bajo el tembloroso abanico
de puntos del otro… "No está funcionando",
dice, desmontando el lienzo.
Mientras me arrodillo sobre un estrecho sendero de piedra,
la humedad del barro rezuma
por mi pantalón, sorbiendo mis muslos.
Un sombrero grande oscurece mi mentón. Las peonías
amarillas se despliegan. Una hoja no es tersa,
sino que se plisa desde el borde hasta la nervadura.
La luz rasguña la repetición
hasta que el color se enrudece: el lila se acuclilla,
el naranja se infla, el amarillo se agazapa
en calabacinos plisados, espesa cáscara
de ámbar, asperezas estridentes,
grises estirados, zigurats del rosa,
labios despegados para el beso de tu jardín.

ART OF POETRY

I wasn't on a path or near a creek or lake.
In the gray light of a smoldering storm,
I heard the rotted wood of toppled trees
wait for my noise to loosen incandescent spores.

Once, hurrying through the thicket of a mountain,
I saw a glowing tube of threads like a mashed globe
suspended, taut, creased with undulant shadows.
A tent caterpillar, a man explained as sparks

from a fire pit decanted. But that name
did not suffice: those syllables only blurred
the motionless reverence of the tiny span
the chrysalis allowed itself as galactic cusp.

The next day a monk talked of cycles
of evasive desire. As he spoke, I rubbed
the small tear in a padded finger
of the left hand of my motorcycle gloves.

I'd hit the pavement hard, but jutted
back up. No broken bones, no lacerations.
I'm easily distracted: not much chance
to escape the sticky wheel of suffering.

As he walked past, he smiled delightfully,
though not at me as such. He had no other blessing
to disperse. Yet he'd grown up poor, I thought,
those teeth needed work when he was young.

ARS POÉTICA

Yo no estaba en un sendero o cerca de un arroyo o lago.
En la luz grisácea de una tormenta a fuego lento,
oí la madera podrida de los árboles caídos
esperando mi ruido para soltar esporas incandescentes.

Una vez, cruzando a prisa una espesura de montaña
vi un luminoso tubo de hilos como un globo triturado,
suspendido, tenso, veteado de sombras ondulantes.
Una oruga de librea, explicó alguien mientras chispas

se decantaban en un hoyo de fuego. Pero ese nombre
no bastó: esas sílabas sólo volvían difusa
la reverencia inmóvil del lapso minúsculo
que la crisálida se permitió como cima galáctica.

Al día siguiente un monje habló de ciclos
del deseo evasivo. Mientras hablaba, yo froté
una pequeña lágrima con el dedo acojinado
de la mano izquierda de mis guantes de motociclista.

Había golpeado duro contra el pavimento, pero el rebote
me levantó. Sin huesos rotos, sin laceraciones.
Me distraigo fácilmente: no hay mucha oportunidad
de escapar a la pegajosa rueda del sufrimiento.

Cuando él pasó de largo, sonrió dilectamente,
aunque no era para mí en cuanto tal. Él no tenía otra bendición
que dispensarme. No obstante, había crecido en la pobreza, pensé,
esos dientes necesitaron mantenimiento cuando joven.

VALLEJO

In your room, was there a transom, skylight above the sink
shaft to catch the morning,
the single window opening to a cement wall
                     six inches from your sill?
I want to know your walking, leaning on your heels,
              the length of your stride up a hill.
I want no myth, no hero, only your blackened lungs
      & moments of coffee, savored even as you gaze
      at the drunk near the hot
      gate,
only the distance from the buildings you walked past,
paperwork erased, corrected, filed and burned,
not the distance from translators who argue
      about the lack of joy in their rivals' efforts,
only the total time of actual writing, some months,
          two percent of your woken senses, the rest observing, the latent
          jaw of music clutched by your hands,
not the gossip of weather and your meals, only a body rippling
      with sorrow, checking time by the scars on your bones,
not the time spent in conversations, stupid & polite,
      only a night without sleep, controlling the desire
      to pray for a dying man,
not time spent in subways, emerging near the post office,
      the faces on the stamps you licked, forgotten;

emptying your pockets, one hand
      fingering a coin and keys,
      staring at the blank
      walls across the street,
ignoring the lips of any faith,
      only the dead eyes
           of hope
with buzzing, jerking insects
anticipating your incomprehensible
sting, the first word of an exhausted morning,
written down, crossed out.

VALLEJO

En tu cuarto, ¿había un montante, un tragaluz sobre el lavabo,
un hoyo que atajaba la mañana,
la única ventana daba a un muro de cemento
              a seis pulgadas de tu alféizar?
Quiero saber tu caminar apoyado en tus talones,
         la longitud de tus zancadas remontando una colina.
No quiero el mito, el héroe, sólo tus pulmones negrecidos
      & momentos de café, saboreado al ver
      al borracho junto a la caliente
      reja,

sólo la distancia a los edificios que pasabas,
el papeleo borrado, corregido, archivado y quemado,
no la distancia ante traductores que argumentan
      la falta de gozo en los esfuerzos de sus rivales,
sólo el tiempo total de escritura efectiva, algunos meses,
         dos por ciento de tus sentidos en vela, el resto observando,
            la latente
         mandíbula de música sujeta por tus manos,
no el chisme sobre el clima y tus comidas, sólo un cuerpo oleante
         de desdicha, marcando el tiempo por las cicatrices de tus huesos,
no el tiempo pasado en conversaciones, estúpido & cortés,
      sólo una noche sin sueño, controlando el deseo
      de rezar por un hombre agonizante,
no el tiempo pasado en subterráneo, emergiendo cerca de la oficina
      de correos,
      rostros en las estampas que lamiste, ya olvidados;
vaciando tus bolsillos, un dedo que tocaba
      la moneda y unas llaves,
      mirando a lo largo de la calle
      los muros en blanco,
ignorando los labios de cualquier fe,
      sólo los ojos muertos
      de la esperanza

con zumbantes, erráticos insectos
que anticipaban tu punzada incomprensible,
la inicial palabra de una mañana yerma,
escrita, tachada después.

HOW TO QUIT WRITING POETRY

The longer you've done it,
the easier it is to quit.
Most of it's hormonal
anyway, though poets
seem to have a second
adolescence more often
than most. I think about sex
now more than when I was 15.
Of course, I didn't think
about it much then, I didn't want
to go to hell for impure thoughts.
Now it feels like hell because
impure thoughts just don't
come that easy. I mean,
there's this beautiful woman
I know and when I think of her
I can't imagine her naked,
though when I was 25
I wouldn't be able to go
six seconds without
such an interruption.
I can go days now
without thinking
about poetry. That's
a start, I suppose,

but what if I can
never stop writing,
even after I die,
because there is no single
word which can halt
what my mother's
and father's pleasure
started as a poem,
counting on me
to fill in the words,
and their opposites.

CÓMO DEJAR DE ESCRIBIR POESÍA

Entre más tiempo lo hiciste,
más fácil es tirar la toalla.
Mucho del asunto es hormonal
de todas formas, aunque los poetas
parecen tener una segunda
adolescencia más a menudo
que la mayoría. Yo pienso en sexo
más ahora que a mis 15.
Claro, no pensaba
mucho en sexo entonces. No quería
ir al infierno por ideas impuras.

Ahora es como un infierno que
las ideas impuras llegan
más difícilmente. Es decir
que hay una mujer hermosa
que conozco y cuando pienso en ella
no puedo imaginarla desnuda,
aunque a mis 25
no hubieran pasado
seis segundos sin
tal interrupción.
Ahora pasan días enteros
sin que piense en
la poesía. Supongo
que eso es un comienzo
pero qué si nunca puedo
dejar de escribir,
incluso tras mi muerte,
porque no hay una sola
palabra que pueda detener
lo que el gozo
de mi madre y de mi padre
comenzó como un poema,
contando conmigo
para llenar las palabras
y sus opuestos.

AN ANSWER
for Leland Hickman (1934-1991)

A week before my car
was stolen, I drove
from Ocean Park to
Cahuenga Blvd. and sat
next to your bed.
Saying yes or no to titles
of poems I read, you listened
and slept.
                Friends laughed
when I said, "My car's gone."

"No offense, Bill, but why?"

"I guess an old car's not
protected by its dents."

I can take a bus to work,
I thought, but how will
I visit you again before
you die. Luck nudged
two policemen. I got it back
and called, "I can come visit."

"Not today. I don't feel too well."

A week after your cremation,
you still haven't appeared
in a dream. Perhaps you told
me all you needed to, but I hoped
for a surprise. Yesterday
a parking ticket notice
puzzled me until I saw
the date: oh, that's when
my car was stolen. Well, well,
it was only eight blocks away,
but how was I to know
it was that close?

One 2 a.m. you called me.
By chance, I was up, reading,
sitting on my mattress on
the floor. When the phone rang,
I stared at it. It rang again.
"Hello?" "Is my writing
any good at all?" you blurted.
I comforted you, soothing
your uncertainties with mine.

You'll never ask me that again.

You know the answer now
and it may not be the one
any of us expect.

UNA RESPUESTA
>	*Para Leland Hickman (1934-1991)*

Una semana antes del robo
de mi auto, conduje
desde Ocean Park hasta
Cahuenga Blvd. y me senté
junto a tu cama.
Aprobando y rechazando títulos
de poemas que leí, escuchabas
y dormías.
　　　　　Ciertos amigos rieron
cuando dije: "Mi auto desapareció".

"No te ofendas, Bill, ¿pero por qué?"

"Supongo que a un auto viejo no
lo protegen sus abolladuras".

Puedo llegar al trabajo en autobús,

pensé, pero cómo voy
a visitarte de nuevo antes de
que mueras. La suerte hizo un guiño
a dos policías. Recuperé el auto
y te llamé: "Puedo irte a visitar".

"Hoy no. No me siento muy bien".

A una semana de tu cremación
no apareces todavía
en un sueño. Quizá ya me dijiste
lo que necesitabas, pero tenía la esperanza
de una sorpresa. Ayer
un aviso de multa de tránsito
me extrañó hasta que vi
la fecha: Oh, fue cuando
mi auto fue robado. A ver, a ver,
estaba sólo a ocho cuadras,
¿pero cómo iba a saber
que estaba así de cerca?

Una vez me hablaste a las dos de la mañana.
Por casualidad estaba leyendo todavía
sentado en mi colchón

a ras del suelo. Cuando sonó el teléfono
lo contemplé. Volvió a sonar.
"¿Hola? "¿Es bueno
lo que escribo?", espetaste.
Yo te sosegué, mitigando
tus dudas con las mías.

Nunca volverás a preguntármelo.
Ahora sabes la respuesta
y quizá no sea la que supone
ninguno de los dos.

POSTCARDS TO CLIFF CITY

Postcard from an Old Friend
Cathedrals are invisible,
although gargoyles, like medieval DJs,
play Provençal ballads after midnight.

Postcard from the After-Hours Club
The king of the underworld is pleased
when the music stops
and she dances only for him.

Postcard from the Self-Hole
Spelunker, shit, I wanted
to dig my own cave, each measured
to the bestial stride of thirst.

Postcard from the Academy
If a critic is a tourist,
a philosopher is a critic
gone native.

Postcard from a Compost Heap
Waiting for enough hot weather
so the deconstructionists
can get a good night's sleep.

Postcard from Las Vegas
Imagine Vuillard at these casinos!
Splotches of aces paired
with the indigenous stupor
of wallpaper. Zombies layered
with felt. A 13-year-old daughter
stared at by a bodyguard, rumors
of incest in Bakersfield and Reno.

Postcard from the Continent of Illusion
"Polar bears discharge
heat from their bodies
through their paws."

Postcard from Brandon, Canada
One grave is marked
with a metal heart
hanging on a chain
from the end of
a curving rod.

Postcard from Hotel de Zendo
Motionless, in and itself,
sways too much—while motion

doesn't move enough—perhaps
thought only appears to seize
a word, working back to all
it's caught, held in a wet mouth.

Postcard from a Seedling Exchange
Scavenged Christmas trees.
"Come back this afternoon.
We'll have more then, we hope."

Postcard from a Tujunga Trailer Park
"My dog's paws smell like corn chips."

Postcard on Tour
Driving through East Germany to
a North Sea Ferry, they're stopped
for speeding. The stazzi stare at the stencil
on the drum kit. "Droogs? Vas ist Droogs?"

Postcard from a Distant Epicenter
The giant's arms crawl underground,
gourds with creamy pink crescents,
tingling taproots, tilted canyons.

Brushwork Postcard
Carrying warm folded towels
from the laundry room
In the apartment manager's garage,
I heard gasping from the second floor
in the next building. Suddenly
she plummeted and she began
sobbing quietly, out
of need and gratitude.

Postcard from Cliff City
Internal energy. Descent of
head-first burst. We didn't come
from eggs with speckled shells.
An ovum. O vum all ye faithful.

POSTALES DESDE CLIFF CITY

Postal de un Viejo Amigo
Las catedrales son invisibles,
aunque las gárgolas, como DJs medievales,
tocan baladas provenzales después de medianoche.

Postal del Club en Madrugada
El rey del inframundo se complace
cuando la música se calla
y ella baila solo para él.

Postal del Ho-Yo
Espelunca, mierda, yo quería
cavar mi propia cueva, cada una a la medida
de la bestial trancada de la sed.

Postal de la Academia
Si el crítico es un turista,
el filósofo es un crítico
aborigen.

Postal de un Montículo de Composta
Esperando un clima suficientemente cálido
para que los deconstructivistas
logren dormir toda la noche.

Postal de Las Vegas
¡Imagina a Vuillard en estos casinos!
Salpicaduras de ases pareados
con el estupor indígena

del papel tapiz. Zombies recubiertos
de fieltro. Una hija de trece años
mirada por un guardaespaldas, rumores
de incesto en Bakersfield y Reno.

Postal del Continente de la Ilusión
"Los osos polares despiden
calor de sus cuerpos
a través de las garras".

Postal desde Brandon, Canadá
Una tumba está marcada
con un corazón metálico
que cuelga de una cadena
en la punta de una
vara comba.

Postal del Hotel de Zendo
La inmovilidad, en sí y sí misma,
se hamaca demasiado—mientras que el movimiento
no se mueve suficiente—quizás
el pensamiento sólo logra asir
una palabra, regresando hacia todo
lo que atrapó, sujeto en una boca mojada.

Postal de un Intercambio de Vástagos
Pinos navideños pepenados.
"Vuelva esta tarde, porque
esperamos tener más".

Postal de un Barrio de Casas-Tráiler en Tujunga
 "Las garras de mi perro huelen a tostada".

Postal de Gira
Conduciendo por Alemania Oriental hacia
un Ferry del Mar del Norte, los detienen
por exceso de velocidad. Los stazzi se le quedan mirando al esténcil
en la batería. "¿Droogs? ¿Qui es Droogs?"

Postal desde un Epicentro Distante
Los brazos del gigante se arrastran bajo tierra,
calabacinos con medias lunas róseas y cremosas,
raíces primarias hormigueantes, cañones chuecos.

Postal de pinceladas
Llevando toallas dobladas y mullidas
desde el cuarto de lavar
al garaje del depa del administrador,
escuché un resuello del primer piso
del edificio de junto. Súbitamente
ella cayó de golpe y comenzó
a sollozar bajito, de pura
necesidad y gratitud.

Postal de Cliff City
Energía interna. Bajada
en que topas de cabeza. No venimos
de un huevo con cascarón jaspeado.
Un óvulo. O lávenle todos los fieles.

THE FOOT BRIDGES

1.
The recompense of forgiveness
beckons like an onion being cut
into tiny bits. Garlic, beans, cilantro,
cheese, one jalapeño. A quiet smile
lasts longer than it should. Nothing
to smile about but the smile itself,
coaxed out of the lingering guesswork
of laughter. Last night Cordelia hurried
back in with a baby rabbit, then yawned,
and watched it scurry underneath
the small sofa. Don't ask me how
I managed to arc the rabbit out
with a broom I named in honor
of a happy abyss. Its canyons
have eroded and water bubbles
up in between the water striders.

2.
Between the third and fourth loads
of laundry, clouds unveiled Orion.
The moon's bronze blurred shimmer
enfolds a basket of warm towels
between the manager's garage
and our backdoor. Pillowcases

will soon be dry, and bedding stacked.
Lee said the patient next to him
got her results: "Benign." He heard
her say, "And the entire process is
benign." Medieval mysticism,
like cold rain, is a comforting misery,
and coming in from bluster, cold ears
remind the lover how long the hug
must last to push his grief aside.

3.
Today I'll gaze across canals, remembering
who else walked on these foot bridges.
The bottom of magic's drum
wiggles on muddy ground, yet hard leather
seems to ache with heat. The curving light
of February offers a farewell kiss.
Imagine nothingness as a melody no alphabet
can humble. Surely the words
that could reconcile the immensity
of no sound with their own soft glow
have been untangled from their pure delight
and melted down. Come here, sweet mess.
You're safe. No one expects the residue
to squeeze itself smaller than a planet's

brief caress of the unfamiliar motionlessness,
its pauses lingering like vanquished flaws.

LOS PUENTES PEATONALES

1.
La recompensa del perdón
nos hace señas como cebolla al ser cortada
en trozos chicos. Ajo, frijoles, cilantro,
queso, un jalapeño. Una sonrisa tranquila
dura más de lo que debe. No hay para qué
sonreír más que por la sonrisa misma,
disuadida a abandonar las persistentes conjeturas
del reír. Anoche Cordelia entró corriendo
con un conejo bebé, luego bostezó
y lo vio escaparse hacia abajo
de un sofá pequeño. No me preguntes cómo
logré sacar al conejo con el palo
de una escoba que nombré en honor
de un feliz abismo. Sus cañones
se han erosionado y el agua burbujea
en medio de los zancudos que la pisan.

2.
Entre la tercera y cuarta cargas
de ropa sucia, las nubes develaron Orión.
El fulgor bronce difuso de la luna
envuelve un cesto de toallas cálidas
entre el garaje del gerente
y nuestra puerta trasera. Las fundas de almohada
pronto estarán secas y las colchas, apiladas.
Lee dijo que la paciente de enseguida
recibió sus resultados: "benigno". Escuchó
que ella decía "y todo el proceso es
benigno". El misticismo medieval
es, como la lluvia helada, miseria confortante
y al volver del viento frío de afuera, los gélidos oídos
le recuerdan al amante cuánto debe durar
el abrazo para hacer el luto a un lado.

3.
Hoy miraré a través de los canales, recordando
quién más caminó sobre estos puentes de peatones.
La base del tambor de la magia
se menea sobre el fango, aunque el cuero duro

parece dolido de calor. La luz comba
de febrero ofrece un beso en despedida.
Imagina la nada como una melodía que ningún alfabeto
puede sobajar. Seguramente las palabras
que reconciliarían lo inmenso
del no-sonido con su propio brillo suave
han sido desatadas de su deleite puro,
derretidas. Ven acá, dulce desastre.
Estás a salvo. Nadie espera que el residuo
se aplaste a sí hasta ser más chico que la breve
caricia de un planeta a la inmovilidad desconocida,
sus pausas se demoran como vencidas máculas.

IRREVERSIBLE CHANT

Too soon to spill the inaugural crackle of the unrevealed
Too soon to summon the colors of a garden and sift them through
    each other's slits
Too soon to wrestle with the demons who adore your weaknesses
Too soon to panic
Too soon to restore the probable to the ridiculous
Too soon to lure the skeptical into the caverns of perseverance
Too soon to moisten the circumference of bitter justice
Too soon to reproach the genitive
Too soon to tell it to the thunder
Too soon to weird the woven dark into the ruptured dusk of yet-to-come
Too soon to beg, like drunken idolaters, the mountains to devour us
Too soon to rub the silences between these words, their solid corners
    softened by affliction
Too soon to stifle the whispers clasping to the letters, each one in the
    shimmer and shifts of swelling further apart, like inhalations
    deepening to gasps, the f and l and g and s commencing to
    sing with a single vowel

CÁNTICO IRREVERSIBLE

Demasiado pronto para derramar la crepitación inaugural de lo
    no revelado
Demasiado pronto para convocar los colores de un jardín y tamizarlos
    a través de sus mutuas grietas

Demasiado pronto para luchar cuerpo a cuerpo con los demonios
    que adoran tus debilidades
Demasiado pronto para aterrorizarse
Demasiado pronto para restaurarle lo probable a lo ridículo
Demasiado pronto para atraer lo escéptico a las cavernas de la perseverancia
Demasiado pronto para humectar la circunferencia de la justicia amarga
Demasiado pronto para reprochar el genitivo
Demasiado pronto para decírselo al trueno
Demasiado pronto para extrañizar la oscuridad tejida al ocaso
    desgarrado de lo aún-por-venir
Demasiado pronto para rogar, como idólatras ebrios, que las montañas
    nos devoren
Demasiado pronto para frotar los silencios entre estas palabras, sus
    sólidas esquinas ablandadas por la aflicción
Demasiado pronto para sofocar los murmullos que se aferran a
    las letras, cada uno en el resplandor y los banzados del
    hincharse apartándose más, como inhalaciones que se
    ahondan hasta ser resuellos, efe y ele y ge y ese que comienzan
    a cantar con una única vocal

REINCARNATION SLAUGHTERHOUSE

Reluctantly, with held breath,
I squash the spider in my bathtub,
wishing its essence hurtled
towards the churtling songs
of birds in the plum tree
even as it curses me
to be reborn as a glutton
for dog shit, fattened
up so its descendants
use me for scented soap
in the blood basin of their webs.

MATADERO DE LA REENCARNACIÓN

Reaciamente, con aliento retenido,
despanzurro a la araña en la tina de mi baño,
deseando que su esencia se precipite
hacia el cantar jocoso
de los pájaros en el ciruelo
incluso mientras ella me maldice
para que renazca yo como un glotón
de caca de perro, y en engorda
para que sus descendientes
me usen como jabón aromado
en la bacinica de sangre de sus redes.

THE GHOUL CONVENTION

"The young ones can't catch on. Stay calm,
even when confronted with the hilarious panic

of a half-dead corpse. After waiting all year,
don't leave the picky eater picnic with any regrets."

The old ones give each other shoulder rubs
while reading back issues of *Ghoul Housekeeping*.

Next year's panels are announced: Topiary Management.
("Even a ghoul must plant his garden.")

Wraith of the year! Eidolon of the decade!
The world is not an ugly place, not yet.

No natural enemies, a voiceover recites.
A very young ghoul is digging holes in a huge field

too far from any city to be a place for mourning,
yet the bereft come here to be alone, or grouse.

"Ignominy," an adolescent mutters. "Carnival music,"
a widow responds. "Casual acquaintances,"

their companions proclaim. "Whores for hire
in all but name." "Depends on your definition

of virginity," said a half-naked ghoul getting dressed
again. "I don't like accidents," the seduced insist.

"Unintentional carnage is so boring, so effete."
"Magnanimous spite is the only motive I respect."

Borrowing the sentiments of triumphant candidates,
the ghouls repay their debts with orphaned toys.

LA CONVENCIÓN DE LOS MORBOSOS

"Los morbosos jóvenes no captan. Tú calmado,
incluso al enfrentar el pánico hilarante

de un cadáver semimuerto. Después de un año de esperar
no te vayas con remordimientos del picnic de comensales quisquillosos".

Los morbosos viejos se dan masajes en los hombros
mientras leen ejemplares anteriores de *Ghoul Housekeeping*.

Se anuncian los paneles del año entrante: Gestión de la topiaria.
("Incluso un morboso debe plantar su jardín".)

¡Espectro del año! ¡Eidolon de la década!
El mundo no es un sitio feo, todavía no.

No hay enemigos naturales, una voz en off recita.
Un morboso muy joven cava hoyos en un enorme campo

demasiado lejos de cualquier ciudad para ser lugar de luto,
pero los deudos vienen aquí para estar solos, o quejarse.

"Ignominia", farfulla un adolescente. "Música de carnaval",
responde una viuda. "Conocidos distantes",

proclaman sus colegas. "En todo salvo el nombre
son putas que se venden". "Depende de tu definición

de la virginidad", dijo un morboso semidesnudo al volver
a vestirse. "No me gustan los accidentes", insiste el seducido.

"La matanza accidental es tan aburrida, tan manida".
"El rencor magnánimo es el único motivo que respeto".

Imitando los afectos de candidatos ganadores,
los morbosos pagan sus deudas con juguetes huérfanos.

WHY THE HEART NEVER DEVELOPS CANCER

One of the mysteries of the body is why the heart does not develop cancer. Every other organ in the body—stomach, skin, brain, lungs, liver—can develop cancer, but the heart squeezes itself again and again without the least trace of malignancy. It is as though the heart is a furnace and anything cancerous which enters is immediately consumed by the heat of its pulse. On the other hand, the only pleasure the heart receives is imaginary. The skin, the stomach, the lungs—all these organs are capable of enjoying sensual life: the warmth of the sun, a feast of vegetables and turkey, a good smoke, and therefore they are more vulnerable. The heart has only our blood to be its companion. Blood, like the heart, receives no direct pleasure and it brings no relief to the heart, which denies that the body it inhabits means anything more than a warm place to work. The heart, like the life-force itself, is absolutely impersonal. The heart does not care what happens to the body. It is there to work as hard as possible for as long as possible and in return for the body's acceptance of its indifferent loyalty, it never betrays the body by consuming itself cell by cell.

POR QUÉ NO LE DA CÁNCER AL CORAZÓN

Uno de los misterios del cuerpo es por qué al corazón no le da cáncer. Cualquier órgano del cuerpo—los pulmones, el estómago, el hígado, la piel—desarrolla cáncer, pero el corazón se exprime una y otra vez sin el menor rastro de maliginidad. Es como si el corazón fuera un horno y el calor de su pulso consumiera todo lo carcinógeno al entrar. Por otro lado, el único placer que el corazón recibe es imaginario. La piel, el estómago, los pulmones—todos esos órganos son capaces de disfrutar la vida sensual: el calor del sol, un festín de pavo y vegetales, una buena bocanada de humo, y, por lo tanto, son más vulnerables. El corazón sólo tiene por compañera a la sangre. La sangre, como el corazón, no recibe placer directo y no brinda alivio al corazón, y éste niega que el cuerpo que habita signifique más que un tibio lugar de trabajo. El corazón, como la fuerza vital misma, es absolutamente impersonal. Al corazón no le importa qué le pase al cuerpo. Está ahí para trabajar tan duro como sea posible, todo el tiempo posible, y en reciprocidad porque el cuerpo acepta su lealtad indiferente, nunca lo traiciona consumiéndose célula por célula.

THE HEADWATERS OF NIRVANA

I've waited for fate to prove that hopelessness can make you happy
I've waited for the blades of a ceiling fan to stop like a roulette wheel
    on the guttural consonants of an unfulfilled prophecy
I've waited for recessive genes to convulse again in a capella harmony
I've waited for destitute newborns to sing to an hypnotized staircase
    of impossible sorrows
I've waited for this infundibular moment to be none other than itself
I've waited for translators to fantasize about the kisses of archaic betrayal
I've waited for silence to grasp the glowing rebuke of itself
I've waited for the unremembered to encircle and squeeze the fierce
    erasures of gratitude
What haven't I waited for, you ask, as if I expected you to believe
    this finite list could flow any more quickly to and from the
    rims of incessant patience,
        the grey auroras streaked with mauve
I've waited for the Day of the Dead to replenish the unflinching
    mirror of my skull
I've waited for the gurgling hiss of time to spill into burnished green
    downstream from the headwaters of nirvana

LOS MANANTIALES DEL NIRVANA

He esperado a que la fe demuestre que la desesperanza te puede
    hacer feliz

He esperado a que las aspas de un abanico de techo se detengan como
       una ruleta en las guturales consonantes de una profecía incumplida
He esperado a que los genes recesivos se convulsionen de nuevo en
       una armonía a capela
He esperado a que los recién nacidos indigentes canten a una escalera
       hipnotizada de desdichas imposibles
He esperado a que este momento infundibular no sea distinto
       a sí mismo
He esperado a que los traductores fantaseen sobre los besos de la
       traición arcaica
He esperado a que el silencio asa la resplandeciente reprimenda de sí
He esperado a que lo no recordado rodee y apriete las fieras borraduras
       de la gratitud
Qué cosa no he esperado, me preguntas, como si yo esperara que
creyeras que este catálogo finito
               podría fluir más rápido hacia y de los bordes de la
                       paciencia incesante,
               las auroras grises rayadas de malva
He esperado a que el Día de los Muertos reabastezca el espejo
       impávido de mi calavera
He esperado a que el siseo borboteante del tiempo se derrame
       en el verdor bruñido corriente abajo desde los manantiales
       del nirvana

CHRONOLOGY OF POEMS

1975–1989

Complejidades

La ambigüedad del movimiento

Después de la lluvia

¿Qué me permitió vivir para ver a este gato?

Escorpio en el verano

Chef desnudo

La curiosidad de Marlene K. (fragmento)

Después de muchos años de amor

Vallejo

Leche

Peso

Los orígenes que la memoria considera

El ofrecimiento

Elegía para Roy Orbinson

Sobre la poesía de los bárbaros

Cómo dejar de escribir poesía

1990–2003

Por qué no le da cáncer al corazón

Cromañón

Arrugas

Desagüe de sueños

El verdadero trabajo de la Muerte
Un milagro
Caleidoscopio agridulce
Una respuesta
Tabla optométrica para una estación espacial orbitante

2004–2014
El tope
Ars poética
Los puentes peatonales
Comparado a qué
Verdaderos días libres
El problema del tranvía
Matadero de la reencarnación
La convención de los morbosos
La restauración
En el océano de la nada
Los manantiales del nirvana

ACKNOWLEDGMENTS

Some of these poems were first presented in earlier collections of poetry:
hidden proofs (Bombshelter Press, 1982)
Vehemence (New Alliance Records, 1993)
Bittersweet Kaleidoscope (IF/SF Editions, 2006)
Pruebas Ocultas (Bonobos Editores, Mexico; 2015)

In the United States, these poems (sometimes in earlier versions) first appeared in: *Antioch Review; Bachy; Beyond the Valley of the Contemporary Poets; Blue Collar Review; Blue Mesa Review; Caffeine; Caliban; California Quarterly; Carnival; Genre; L.A. Weekly; Momentum; Nude Erections; OR;* "Poetry Loves Poetry"; *Poetry Motel; Pool; Santa Monica Review; Saturday Afternoon Journal; Skidrow Penthouse; Sonora Review; Spot Lit Magazine; Tsunami; Upstreet; Wormwood Review.*

Though published in magazines, a dozen of these poems constitute new work that has not appeared in a stand-alone volume.

"El problema del tranvía"; "El tope"; and "Ars poetica" were first published in the United States in *Or, Carnival,* and *Pool* magazine, respectively, and and then appeared in *Transtierros*: a poetry blog written and edited by Luis Eduardo García, in Mexico. Published online on September 1, 2015. (http://transtierros.blogspot.mx/2015/09/tres-poemas-de-bill-mohr.html)

"Leche," "Despues de muchos anos de amor," "Un milagro," "Arrugas." appeared in *Circulo de Poesia: Revista electronica de literature.* Translator: José Luis Rico. Published online on February 26, 2012. (http://circulodepoesia.com/nueva/tag/bill-mohr/)

"Por qué no le da cáncer al corazón" appeared in *Luvina* (issue 57), published by the University of Guadalajara, Mexico, in 2009.

There are several editors and publishers whose encouragement I wish to take special note of: Jim Krusoe, Paul Vangelisti, Brooks Roddan, Jack Grapes, Susan Hansell, and Larry Smith. In particular, Brooks Roddan's willingness to publish Bittersweet Kaleidoscope provided reassurance when I most needed it. In turn, I also owe a genuflection of profound gratitude to the editors at Bonobos Editores, in Mexico: Nayelly Martínez, Santiago Matías and Amelia Suárez. In amplifying the confidence my translators, Jose Luis Rico and Robin Myers, had in the value of my work, Bonobos Editores made the reception of my writing in Mexico a personal occasion that has had no equal in this country.

If I have reached the age of 70, and am still writing poetry, it is in part because of the additional comradeship and inspiration provided by the following poets, artists, critics, activists, and friends: David James, Alicia Ostriker, Cecilia Woloch, Harley Lond, Doren Robbins, Eloise Klein Healy, Jim McVicker, Terry Oates, Bob and Judy Chinello, Kathryn McMahon, Donald Wesling, Steve Axelrod, Michael Davidson, Alan Golding, Lynn McGee, Lea Ann Roddan, Laurel Ann Bogen, Laurence Goldstein, Doren Robbins, Anthony Seidman, Holly Prado, Harry Northup, Wanda Coleman, Harvey Robert Kubernik, Suzanne Lummis, John Thomas, Joe Safdie, Dennis Cooper, Jack Skelley, Max Benavidez, Exene Cervenka, John Doe, Ron Silliman, Mark Weiss, Will Alexander, Christopher Buckley, Mark Salerno, Mineko Grimmer, Oranges/Sardines Gallery, Natalija Grgorinić, Ognjen Rađen, Kit Robinson, Dennis Ellman, Phoebe MacAdams, Stephen Motika, Michael Kincaid, Gerald Locklin, Jim Moore, George Drury Smith, Marisela Norte, Timothy Steele, Michael Lally, Liza Richardson, and Charles Harper Webb. The Glass Table Collective had earned my admiration long before inviting me to submit a manuscript. From here on out, I hope to justify your faith in this book.

And once, again, my appreciation for her fond, entwined patience, my spouse, Linda Fry, and her extended family.

BILL MOHR was born in Norfolk, Virginia, attended high school in Imperial Beach, California, and was then educated at several institutions, including the University of California, Los Angeles (B.A.), and the University of California, San Diego (M.A.; Ph.D.). In addition to having his poems translated into Croatian, Italian, Japanese, and Spanish, his writing has also appeared in over a dozen anthologies. From 1972 to 1988, Mohr was active in Los Angeles as an editor or publisher. Mohr's literary history, *Holdouts: The Los Angeles Poetry Renaissance 1948-1992*, was published by the University of Iowa Press in 2011. His articles, essays and commentary have appeared in journals such as the *William Carlos Williams Review, Chicago Review, Journal of Beat Studies*, and the *LA Review of Books*. Mohr is currently a professor in the Department of English at California State University, Long Beach, where he has taught since 2006. Prior to his academic career, Mohr primarily worked for well over 15 years as either a blueprint machine operator or typesetter for weekly newspapers.

ROBIN MYERS was born in New York and is based in Mexico City. Her poetry collections have been published as bilingual editions in several Spanish-speaking countries: *Else*, translated by Ezequiel Zaidenwerg as *Lo demás*, appeared in Spain (Kriller71 Ediciones, 2016) and Argentina (Zindo & Gafuri, 2017); a shorter, somewhat modified, multi-translator version of the same manuscript was published in Mexico as *Amalgama* (Ediciones Antílope, 2016); and *Having* was published in Argentina (Audisea, 2017), translated by Ezequiel Zaidenwerg as *Tener*. Her poems have appeared in journals like the *Washington Square Review*, *jubilat*, *The Offing*, *Big Lucks*, the *Cold Mountain Review*, the *Sonora Review*, and the *Berlin Quarterly*; her translations have appeared in *Anomaly*, *Tupelo Quarterly*, *Beloit Poetry Journal*, *Asymptote*, the *Los Angeles Review of Books*, *Waxwing*, *Inventory*, and elsewhere. She has been a fellow of the American Literary Translators Association (ALTA) and a resident translator at the Banff Literary Translation Centre (BILTC).

JOSÉ LUIS RICO is a Mexican poet and a translator of English and French into Spanish. From 2010 to 2012, he was the beneficiary of a creative writing grant for young artists awarded by the Fundación para las Letras Mexicanas. He debuted as a translator in 2012 with the book *Papeles mexicanos* (English: *Mexican Papers*; edited by Ardiente paciencia), a selection of the Mexico-themed poetry and prose of French writer Michel Butor. His translations of English poetry into Spanish include the poetry of James Merrill, as well as the selection *Cinco poetas estadounidenses contemporáneos* (2011), featuring Paul Roth, Anthony Seidman, Bill Mohr, Patrick Lawler, and Robert Pesich, published on the *Círculo de Poesía* magazine. In tandem with Robin Myers, he translated the Spanish half of LA-based poet Bill Mohr's bilingual volume *Pruebas ocultas* (Bonobos, 2015). He is currently curating and translating into English an anthology of Mexican *narcocorridos*, or drug traffic-themed traditional ballads, which is forthcoming from Phoneme Media in 2019.

LOS ANGELES

POETRY

Molly Bendall & Gail Wronsky, *Bling & Fringe (The L.A. Poems)*

Laurie Blauner, *It Looks Worse Than I Am*

Kevin Cantwell, *One of Those Russian Novels*

Ramón García, *Other Countries*

Karen Kevorkian, *Lizard Dream*

Paul Lieber, *Interrupted by the Sea*

Holaday Mason & Sarah Maclay, *The "She" Series: A Venice Correspondence*

Bill Mohr, *The Headwaters of Nirvana: Reassembled Poems*
BILINGUAL, SPANISH TRANSLATED BY JOSÉ LUIS RICO & ROBIN MYERS

Carolie Parker, *Mirage Industry*

Patty Seyburn, *Perfecta*

Judith Taylor, *Sex Libris*

Lynne Thompson, *Start with a Small Guitar*

Gail Wronsky, *Imperfect Pastorals*

Gail Wronsky, *So Quick Bright Things*
BILINGUAL, SPANISH TRANSLATED BY ALICIA PARTNOY

Visit our website at
WHATBOOKSPRESS.COM

ART

Gronk, A Giant Claw
BILINGUAL, SPANISH

Chuck Rosenthal, Gail Wronsky & Gronk,
Tomorrow You'll Be One of Us: Sci Fi Poems

PROSE

Rebbecca Brown, *They Become Her*

François Camoin, *April, May, and So On*

A.W. DeAnnuntis, *Master Siger's Dream*

A.W. DeAnnuntis, *The Final Death of Rock and Roll and Other Stories*

A.W. DeAnnuntis, *The Mermaid at the Americana Arms Motel*

A.W. DeAnnuntis, *The Mysterious Islands and Other Stories*

Katharine Haake, *The Origin of Stars and Other Stories*

Katharine Haake, *The Time of Quarantine*

Mona Houghton, *Frottage & Even As We Speak: Two Novellas*

Rich Ives, *The Balloon Containing the Water Containing the Narrative Begins Leaking*

Annette Leddy, *Earth Still*

Rod Val Moore, *Brittle Star*

Chuck Rosenthal, *Are We Not There Yet? Travels in Nepal, North India, and Bhutan*

Chuck Rosenthal, *Coyote O'Donohughe's History of Texas*

Chuck Rosenthal, *West of Eden: A Life in 21st Century Los Angeles*

Chuck Rosenthal & Gail Wronsky, *The Shortest Farewells are the Best*

Forrest Roth, *Gary Oldman Is a Building You Must Walk Through*

Jessica Sequeira, *Rhombus and Oval*

What Books Press books may be ordered from:
SPDBOOKS.ORG | ORDERS@SPDBOOKS.ORG | (800) 869 7553 | AMAZON.COM

www.ingramcontent.com/pod-product-compliance
Lightning Source LLC
Chambersburg PA
CBHW060452080526
44584CB00015B/1413